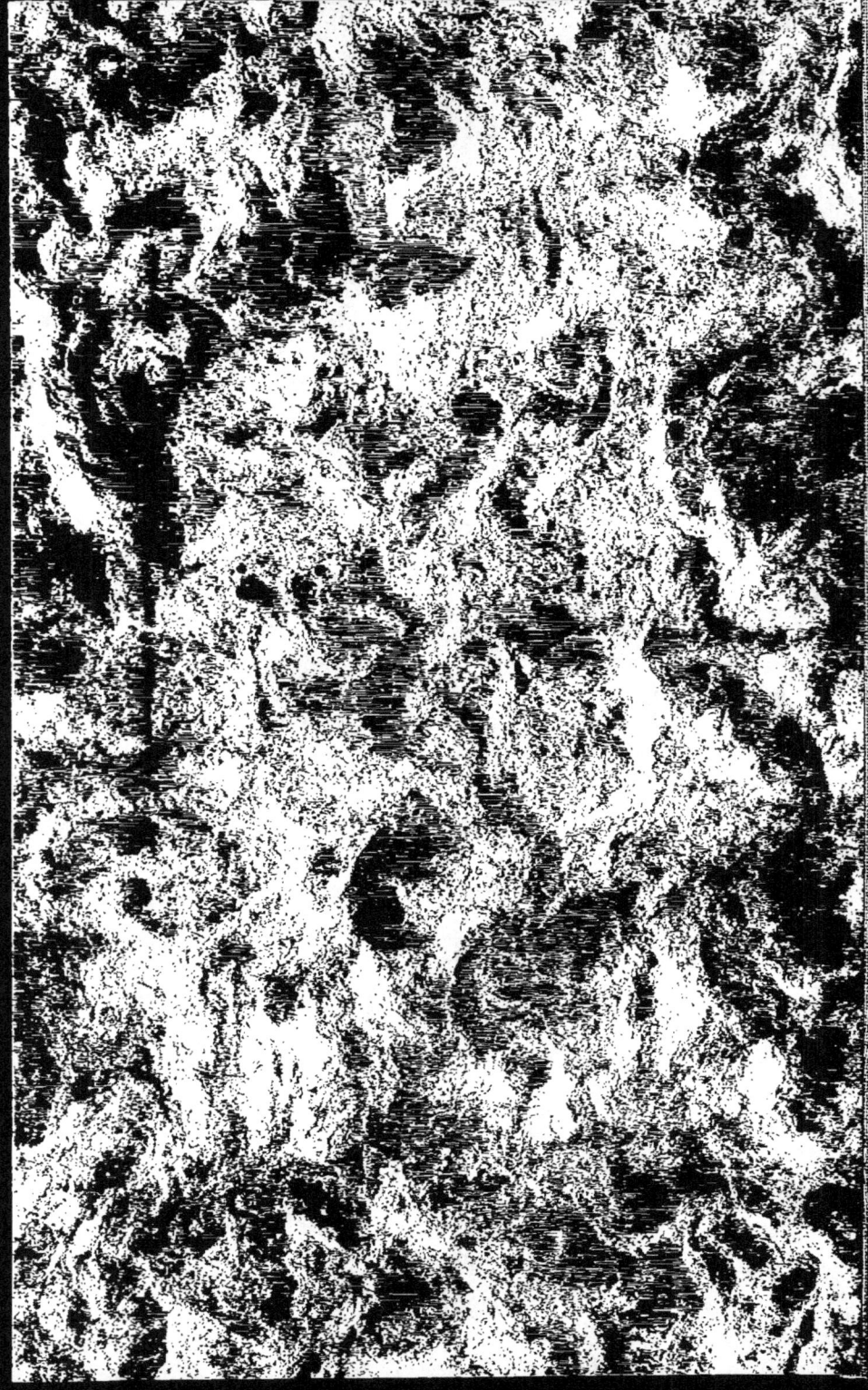

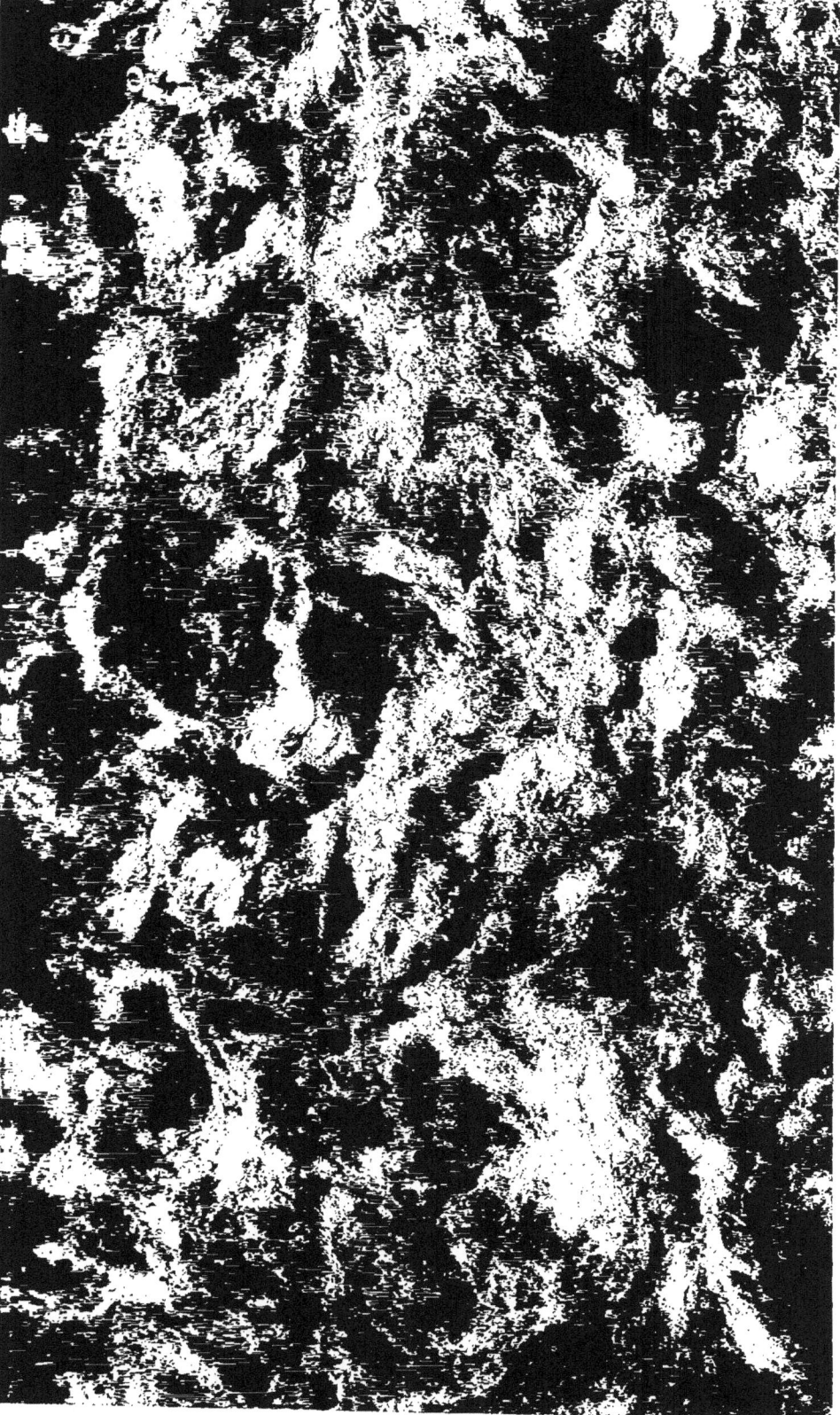

M. BODRI 1985

M. LITTRÉ

ET

LE POSITIVISME

OUVRAGES DU MÊME AUTEUR

A LA MÊME LIBRAIRIE

Essai sur le mysticisme au dix-huitième siècle : *Saint-Martin, le philosophe inconnu*. 1 vol. in-8 (épuisé).

Problèmes de morale sociale (La morale indépendante. — Les théories contemporaines sur le droit naturel. — Le droit de punir. — Le progrès social. — La destinée humaine). — 1 vol. in-8. . . . . 7 fr. 50

Études morales sur le temps présent (La religion positiviste. — L'idolâtrie humanitaire. — Stendhal : ses idées, sa critique d'art et ses romans. — Les mœurs contemporaines au théâtre). — 4e édition. 1 vol. in-16 . . . . 3 fr. 50

Nouvelles études morales sur le temps présent (Du suicide dans ses rapports avec la civilisation. — L'hygiène morale. — La direction des âmes au dix-septième siècle. — Lamennais et Henri Heine d'après leur correspondance. — Les mœurs littéraires au temps présent). — 2e édit. 1 vol. in-16. 3 fr. 50

L'idée de Dieu et ses nouveaux critiques. — 6e édition. 1 volume in-16. (*Ouvrage couronné par l'Académie française*). 3 fr. 50

La philosophie de Gœthe (Histoire de son esprit. — Ses conceptions sur la nature. — Ses types philosophiques). — 2e édition. 1 vol. in-16 . . . . 3 fr. 50

Le matérialisme et la science. — 3e édition. 1 vol. in-16. 3 fr. 50

Les jours d'épreuves (1870-1871). (Le droit et la force. — L'idée de la patrie. — Les influences littéraires dans la Commune. — La fin de la bohème). — 1 vol. in-16 . . . . . . 3 fr. 50

Le pessimisme au dix-neuvième siècle. (Léopardi. — Schopenhauer. — Hartmann). — 2e édition. 1 vol. in-16 . . . . 3 fr. 50

La fin du dix-huitième siècle. *Études et Portraits*. (L'opinion publique au dix-huitième siècle. — Montesquieu. — Jean-Jacques Rousseau d'après des publications nouvelles. — Diderot inédit. — La société française en 1765. — Deux types de femmes : Mme du Deffant. — Mme Roland. — La famille de Mirabeau. — Coppet et Mme de Staël. — André Chénier inédit. — Sa lutte contre la terreur. — Son procès, sa mort). — 2e édition. 2 vol. in-16 . . . . 7 fr.

7001 — Imprimerie A. Lahure, rue de Fleurus, 9, à Paris.

M. LITTRÉ

ET

LE POSITIVISME

PAR

E. CARO

DE L'ACADÉMIE FRANÇAISE

PARIS

LIBRAIRIE HACHETTE ET Cie

79, BOULEVARD SAINT-GERMAIN, 79

1883

Droits de propriété et de traduction réservés

PRÉFACE.

Il est sensible, même pour des observateurs superficiels, qu'un grand trouble se produit en ce moment dans les consciences morales et religieuses, et que les principes, dont vivait l'humanité passée, dont une partie considérable de l'humanité présente croit vivre encore, sont remis en question par la fortune des idées nouvelles, qui toutes ont la prétention de s'inspirer de la science positive. Peut-être le moment est-il bien choisi pour condenser en quelques pages précises un jugement sur l'école qui représente ces idées avec le plus d'autorité et même avec une sorte de prestige populaire en France. Mais avant d'en aborder l'examen direct, nous avons cru devoir étudier de près l'homme qui en résume l'histoire dans sa phase triomphante, et qui, devenu maître des sympathies publiques par son caractère, son intelligence et ses grands travaux, a su faire profiter dans une large mesure cette philosophie de la faveur toute personnelle d'opinion si justement obtenue pour lui-même. Cet homme est M. Littré.

Nous examinerons particulièrement le Positivisme sous cette dernière forme ; nous le suivrons dans les réponses qu'il a données tout récemment aux divers problèmes que posent chaque jour la science de l'esprit et l'expérience de la vie humaine. Nous serons amenés naturellement à nous demander ce que l'avenir réserve à cette philosophie que le temps présent comble de ses faveurs. Sa fortune qui, à en croire certaines déclarations fameuses, serait consacrée aujourd'hui (s'il pouvait y avoir du définitif dans les victoires de ce genre), cette prodigieuse fortune aura-t-elle autant de durée qu'elle a de spécieux éclat? Les causes de ce succès sont-elles permanentes? N'y a-t-il pas bien des circonstances politiques et sociales qui en expliquent le triomphe momentané? Nous nous demanderons surtout si le Positivisme est destiné à survivre, sous forme de système, aux deux hommes en qui il s'était incarné, M. Auguste Comte et M. Littré, et si les chances de durée qu'il peut avoir ne sont pas en raison inverse de sa cohésion ou de sa consistance comme doctrine. Ce sera l'occasion de dissiper un malentendu qui paraît se prolonger dans certains esprits sous l'illusion d'un mot qui ne désigne plus les mêmes choses. J'essaierai de démontrer que le mouvement positiviste, dont je suis loin d'ailleurs, comme on le verra, de contester l'étendue et l'importance, est venu à la fin se résoudre dans un ensemble de négations, d'autant plus puissantes et populaires qu'elles paaissent plus simples et plus radicales, mais qui ne se relient au Positivisme proprement dit que par une équivoque, et qui sont même, en un sens, contraires au véritable esprit de cette philosophie, lequel serait une neutralité absolue, si la neutralité n'était pas une chimère en philosophie comme en politique.

En tout cas, c'est une question à examiner de près, qui vaut qu'on la discute, et qui se rattache aux plus graves préoccupations de l'heure présente. Cette négation, cette exclusion de tout un ordre d'idées et de croyances a suscité le problème capital du dix-neuvième siècle qui me paraît être celui-ci : la science positive peut-elle, comme on le prétend, par ses propres forces et ses seules lumières, constituer une conscience nouvelle, faire une civilisation de toutes pièces, recréer une humanité à son image? Et si cela est possible, quelle sera cette conscience? Que seront cette civilisation et cette humanité futures qu'on nous promet en échange de ce que nous avons et de ce que nous connaissons? Au prix de quelle réalité devrons-nous céder le trésor de nos illusions, s'il est démontré que ce trésor est chimérique et que nous avons vécu jusqu'ici dans une sorte de rêve éveillé ou d'hallucination raisonnée?

CHAPITRE PREMIER

ÉMILE LITTRÉ.— HISTOIRE DE SES TRAVAUX ET DE SES IDÉES

I

Nous aurions pu intituler cette étude les *Confessions littéraires, politiques et philosophiques de M. Littré*. Il s'est servi de ce mot dans un de ses ouvrages les plus curieux et les moins connus, pour caractériser l'exposition des différentes évolutions de sa pensée, de ses vicissitudes intellectuelles, qu'il aimait à décrire, surtout dans les dernières années de sa vie. C'est en effet un des hommes de ce temps qui s'est le plus volontiers commenté dans ses préfaces, dans ses notes, dans les *Causeries* intercalées au milieu d'articles impersonnels, dans les pièces justificatives de toute sorte qui accompagnent la plupart de ses travaux. L'idée nous est venue de rassembler ces pages dispersées et comme perdues dans l'ensemble considérable de l'œuvre, trop peu remarquées à leur apparition, quelques-unes oubliées aujourd'hui. Elles révèlent l'homme et l'auteur bien mieux que toute étude objective, faite du dehors. On est tout surpris, quand on les a réunies, de voir quel jour elles répandent sur la vie intellectuelle et morale de M. Littré. On les voit éclore un peu partout et presque au hasard dans ses dernières publications, souvent au moment où on les attend le moins, et quand on en tient dans la main le précieux faisceau, il se trouve que l'on possède de véritables mémoires, une sorte d'autobiographie très intéressante et très personnelle. Là surtout où la récolte de ce genre de documents est le plus abondante, c'est dans la seconde édition du livre intitulé : *Conservation, Révolution, Positivisme*. M. Littré s'y donne libre carrière pour ses dernières confidences. Au moment de publier cette nouvelle édition d'un ouvrage depuis longtemps épuisé, dans lequel il avait réuni en 1852 un certain nombre d'articles du *National*, quand il vint à les relire, il s'était trouvé sur presque tous les points en désaccord avec eux. Que faire? Ne voulant ni couvrir de son nom des idées qu'il n'admettait plus, ni abandonner à des polémiques posthumes un livre qui subsistait comme un témoin compromettant pour ses idées nouvelles, il prit le parti de publier tout simplement le livre ancien, mais en jugeant chaque chapitre avec les lumières de sa raison renouvelée et de son expérience acquise. Sa perplexité trouva là une issue. D'une part, il donnait satisfaction à un sentiment courageux de solidarité personnelle qui le portait à ne pas dissimuler des pages malencontreuses : d'autre part, il se corrigeait lui-même et faisait amende honorable de ses erreurs devant le public.

Rien n'est plus intéressant pour l'histoire d'un esprit que cette série de remarques annexées à chaque article, tracées avec une ingénuité, une indépendance incomparables, par un homme qui a su s'affranchir de ses idées d'autrefois, et ce qui est plus difficile, de son amour-propre, se discutant, s'infligeant des blâmes sévères, à l'occasion de certaines erreurs et de faux jugements qui le stupéfient quand il les rencontre à trente années de distance. Il y a là, en même temps qu'une source précieuse d'informations psychologiques, un spectacle moral qui a sa nouveauté et sa grandeur. C'est l'histoire des variations d'un esprit sincère, racontées par lui-même. Nous voyons se former graduellement devant nous un portrait d'une ressemblance parfaite, retouché à plusieurs reprises, avec les principaux traits de l'homme, la vaste érudition, la puissance de travail, la curiosité universelle, l'amour inquiet de la vérité (*irrequietus amor*), joints à une certaine mobilité d'idées qui en était peut-être la marque et l'effet nécessaire. — Un brillant écrivain, jetant un coup d'œil sur l'étonnante succession des événements et des idées au milieu desquels se déroule notre vie, disait, un jour, non sans mélancolie, « que la contradiction est le signe de la vérité. » Nous n'irons pas jusque-là ; mais nous accorderons que, dans bien des cas, elle est un signe de sincérité. Elle l'est assurément, au milieu des orages politiques et des révolutions de la pensée qui bouleversent notre siècle et notre pays, pourvu qu'il soit évident qu'elle n'est pas la rançon et le prix d'une ambition personnelle. Or ce désintéressement absolu n'éclate nulle part plus vivement que dans ces récits de M. Littré, nous racontant son odyssée à travers les idées et les passions contemporaines, s'efforçant jusqu'à son dernier jour de corriger ses erreurs, de combler des lacunes dans son éducation intellectuelle, attentif à rectifier son esprit, à compléter sa vie morale.

J'ajoute que l'emploi de ces témoignages personnels, tous relativement assez récents, permet de tenter une étude sur beaucoup de points nouvelle, la plupart des travaux qui ont été consacrés à M. Littré datant d'une époque déjà ancienne, quand il était trop tôt pour embrasser l'ensemble complexe de cette vie, quand il restait au chef du positivisme une longue carrière d'expériences politiques et intellectuelles à parcourir, bien des déceptions à subir, de longues années encore à vivre, à penser, à souffrir.

Rappelons la suite des travaux qui ont rempli sa vie et qui ont été comme le tableau mobile où s'est développé cet esprit. C'est un noble plaisir de la vie intellectuelle que de se donner à soi-même des motifs d'honorer ceux dont on ne partage pas les doctrines. La discussion philosophique ne doit pas être une arène livrée aux luttes grossières et à la fureur des exterminations réciproques. Elle doit être un débat entre honnêtes gens, qui, en dehors des idées où le désaccord se produit, ont droit à leur estime mutuelle. C'est un devoir facile à observer quand il s'agit d'un homme comme M. Littré, chez qui l'on peut admirer un des beaux exemplaires de la nature humaine, un des types où se produisent dans tout leur relief la moralité la plus élevée, une sincérité absolue et le plus grand effort de la pensée active, régulière et féconde.

M. Littré n'a pas, à proprement parler, d'histoire en dehors de ses livres. Sa vie est tellement mêlée à ses travaux qu'on ne peut l'en séparer que par une sorte d'abstraction. Elle n'est, au vrai, qu'un acte de travail prolongé pendant plus de soixante ans. La conception de ses ouvrages, les recherches par lesquelles il les prépare, l'exécution, les circonstances qui la retardent ou la précipitent, voilà toute son histoire avec les évolutions diverses qui s'accomplissent dans ses idées, toujours en activité et comme en surveillance sur elles-mêmes.

Quelques dates et quelques faits sont ici nécessaires pour fixer le cadre extérieur de cette laborieuse existence. M. Littré avait été formé à l'école et dans le culte de la Convention. Son père, qui servait dans l'artillerie de marine en qualité de sous-officier, appartenait aux partis les plus avancés. M. Littré se félicitait, en faisant allusion à ces souvenirs de famille, que le jeune sergent, embarqué pour l'Inde en 1791, « eût été sauvé du péril de prendre part aux violences du temps. » Il nous raconte à ce propos un épisode de cette traversée. L'équipage célébrant en pleine mer l'anniversaire de la prise de la Bastille, il advint, par une singulière rencontre, que l'artilleur de marine força M. de Villèle, le futur ministre de la Restauration, alors officier à bord, de danser autour du grand mât une ronde composée par le jeune révolutionnaire en vers quelque peu déclamatoires. Plus tard, fidèle à ses dieux anciens, le père de M. Littré disait souvent que Robespierre avait été calomnié et que son procès était à reviser[1]. Les relations intimes de la famille répondaient à la couleur de

---

1. *Conservation, Révolution, Positivisme*, 2ᵉ édition, p. 314.

ces idées. C'était Vatar, l'imprimeur du *Journal des hommes libres*; c'étaient les conspirateurs Aréna, Cerachi, Démerville; c'étaient Second, auteur du *Sensitisme*, un philosophe aujourd'hui bien oublié, et Dulaure, l'historien de Paris. Ces deux conventionnels, autrefois divisés d'opinion, s'étaient réconciliés dans la haine des nouveaux pouvoirs. Une haine commune n'est-elle pas le plus fort des liens politiques? Pourtant l'un des deux avait bien quelque grief contre l'autre. M. Second, de la Montagne, quelques années auparavant, avait voté la mort de M. Dulaure, du Marais, et celui-ci n'avait échappé qu'à grand'peine à la sentence. Quand on se retrouve après de pareils malentendus, il doit y avoir des deux côtés un moment d'embarras. On ne fut pas longtemps à se remettre. M. Dulaure convint galamment que, si les hommes du Marais avaient été les plus forts, ils n'auraient pas traité d'autre façon les hommes de la Montagne. Cette explication loyale fit disparaître toute trace de froideur.

Du côté maternel, mêmes affinités, mêmes traditions. Le grand-père, M. Johannot, fabricant de papier à Annonay, attaché, lui aussi, aux jacobins, avait été assassiné, pendant la réaction thermidorienne, par les compagnies du Soleil. La mère, Sophie Johannot, avait reçu de ce terrible événement une impression dont elle garda toujours l'empreinte. On le vit bien, le jour du coup d'État de brumaire, quand, au milieu du silence universel, elle apostropha rudement, dans le jardin des Tuileries, un député de son pays qui n'avait pas défendu assez énergiquement, à son gré, l'assemblée. Sainte-Beuve nous l'a dépeinte, d'après M. Littré, dans sa vive et forte originalité : « C'était une figure antique, habillée le plus souvent non comme une dame, mais comme une servante, en faisant l'office au logis, la femme de ménage parfaite, une mère aux entrailles ardentes, et avec cela douée d'une élévation d'âme et d'un sentiment de la justice qu'elle dut transmettre à ce fils, dont elle était fière et jalouse. Il tenait beaucoup d'elle, pour le moins autant que de son père. » C'est dans ce milieu austère et républicain que naquit, le 1er février 1801, Émile Littré. — Malgré ses répugnances politiques, son père, qui était sans aucune fortune, était entré dans l'administration des finances ; grâce à la bienveillance de Français (de Nantes), il y fut chargé d'un bureau de droits réunis. C'était un homme intelligent, d'une puissance rare de volonté et de travail, d'une bonne foi absolue. A travers les circonstances d'une vie très éprouvée et souvent très difficile il eut le courage de refaire à fond son éducation classique, qui avait été fort négligée; il apprit le grec, il s'initia même à la connaissance du sanscrit. — Il prenait en toute chose la vie au sérieux. Bien qu'opposé aux croyances théologiques, il avait le sentiment de répulsion le plus vif pour la raillerie de Voltaire et de ses disciples en ces matières. M. Littré trouva dans les papiers de son père une note constatant que, lui aussi, avait été contristé et alarmé par les moqueries du xviiie siècle; que, devenu père de famille, il s'était jugé responsable de ses opinions théologiques à l'égard de ses enfants; qu'il avait dès lors étudié à nouveau toute la question des croyances, mais que ce nouvel examen n'avait pu l'y ramener [1].

1. *Revue de philosophie positive*, mai-juin 1880.

Il n'est pas étonnant qu'il imposât à ses fils, Émile et Barthélemy, quand le temps fut venu, la forte discipline de travail qu'il s'était imposée à lui-même. La maison était tenue avec une rigidité excessive ; chacun y remplissait sa tâche sans trêve, presque sans distraction. C'était une sorte de séminaire laïque où les récréations mêmes prenaient la forme de l'étude et où l'émulation était poussée à son point extrême. Émile Littré suivait comme externe les cours du lycée Louis-le-Grand, où il avait pour condisciples Eugène Burnouf et Hachette. A la fin de chaque année, sous la double stimulation de ses instincts et de la discipline paternelle, il remportait tous les prix de sa classe. C'est à cette forte éducation et à ces succès scolaires qu'un critique pénétrant, M. Guardia, attribue le goût des auteurs classiques qu'il garda et des honneurs académiques dont il fut toujours très amoureux. Un autre avantage plus sérieux, c'est qu'il emporta du collège, avec la passion de l'étude et l'habitude du travail, un fonds très solide et très étendu de connaissances, le grec et le latin, plus l'allemand, l'anglais et l'italien, ce qui était rare dans le bagage des écoliers d'alors, et enfin un esprit très curieux, disposé à considérer la vie scolaire uniquement comme un noviciat et un apprentissage de la science.

Plus tard, dans des causeries ingénument prolixes, jetées un peu au hasard à travers ses livres ou même à travers ceux des autres [1], il aimait à revenir sur ses souvenirs de famille. « En me comparant à mon père, disait-il, et en reconnaissant combien je lui suis inférieur, j'ai regretté souvent que les circonstances n'eussent pas été plus favorables à lui et, par compensation, moins à moi. Qu'est-il advenu ? Il a passé inconnu, vieillissant dans un emploi obscur, après avoir parcouru, non sans naufrages, les mers de l'Inde et combattu contre les Anglais. Et moi, quelques travaux, qui ne sont pas restés sans encouragement de la part du public, m'ouvrant les Académies, m'ont placé avantageusement parmi les hommes de ma génération. » Il avait au plus haut point le sentiment de la solidarité des familles, et il aurait voulu que

---

1. Voir la causerie en guise de préface, en tête du livre de M. Eugène Noël, *Mémoires d'un imbécile*.

chacune d'elles eût ses archives qui constitueraient la véritable histoire morale d'un peuple : « Depuis qu'une meilleure philosophie m'a enseigné à estimer grandement la tradition et la conservation, j'ai bien des fois regretté que, durant le moyen âge, des familles bourgeoises n'aient pas songé à former de modestes registres où seraient consignés les principaux incidents de la vie domestique, et qu'on se transmettrait tant que la famille durerait. Combien curieux seraient ceux de ces registres qui auraient atteint notre époque, quelque succinctes qu'en fussent les notices ! Que de notions et d'expériences perdues qui auraient été sauvées par un peu de soin et d'esprit de suite ! »

A sa sortie du collège, la vie s'ouvrait devant lui avec son redoutable inconnu : « La vie, disait-il dans les confidences des derniers jours, c'est pour quelques-uns un roman bruyant et éclatant, pour la plupart une humble nouvelle. Au début de la jeunesse, on cherche l'emploi de ce que l'on sait et de ce que l'on peut, de ses aptitudes et de son caractère. Cela trouvé (quand on le trouve), on se case, on se marie, on travaille, on a des succès, des revers, on éprouve quelques joies, on pleure souvent; et puis, tout surpris, on s'aperçoit qu'on est vieux, très vieux, et que l'écheveau de la vie est bien près d'être dévidé, et l'on se surprend à dire comme Voltaire octogénaire : « Quand j'étais à l'âge heureux de soixante-dix ans! » Il hésita quelque temps sur ses vrais aptitudes. Il pensa d'abord à l'École polytechnique; il y serait certainement entré sans un grave accident de santé, qui le détourna de cette carrière; pendant deux années nous le trouvons secrétaire auprès du comte Daru, après quoi il se mit résolument à la médecine, mais sans mener cette étude jusqu'à la pratique.

« J'ai beaucoup écrit sur la médecine, disait-il[1] : articles de journaux, articles de dictionnaires; monographie sur le choléra, édition d'Hippocrate; j'ai vécu dix ans dans les hôpitaux comme externe, comme interne, comme disciple assidu à la visite de M. Rayer, et cependant je n'ai passé aucun examen, n'ai aucun titre médical et ne suis pas docteur. » Voici comment il

---

1. *Médecine et Médecins*, préface.

expliquait cette bizarrerie de conduite. En 1827, il avait ses seize inscriptions et se préparait à subir ses examens, quand son père mourut. Cet événement changea sa position et l'obligea de pourvoir non seulement à sa subsistance, mais aussi à celle de sa mère. Il jugea qu'il devait renoncer à l'avenir médical et n'eut pas la hardiesse de grever son avenir en essayant de s'établir médecin à Paris, installation dispendieuse et toujours incertaine. Il donna des leçons, sans renoncer pourtant aux études médicales. Par une ténacité d'esprit qui le portait à ne pas vouloir perdre, en l'abandonnant, les fruits d'une étude commencée, il continua à suivre, en disciple bénévole, la clinique de M. Rayer à la Charité, où il se lia très intimement avec des jeunes gens de la plus grande distinction, ses camarades d'hôpital, Michon et Natalis Guillot. Dans la suite, il ne pratiqua la médecine que par hasard, dans le petit village où il demeurait l'été, à Mesnil-le-Roi, près Maisons-Laffitte, où il lui arrivait de donner à l'occasion quelques soins, gratuits et très recherchés, aux paysans ses voisins. Il faut voir de quel ton modeste il en parle ;

« Prudent et réservé, j'ai certainement été utile à ces paysans, et de cette utilité j'ai obtenu la meilleure des récompenses dans leur reconnaissance, manifestée par un bon vouloir constant et, au besoin, par des services. Là aussi j'ai éprouvé, pour ma part, combien la médecine peut causer d'angoisses, quand, dans un cas grave où il y va de la vie et de la mort, l'incertitude du diagnostic ou du traitement et la crainte de s'être trompé suscitent de cuisants regrets qui ressemblent à des remords. Il n'y a point de parité entre la responsabilité du médecin et son pouvoir ; l'une est grande et l'autre est petit, et c'est justement à cause des limites où ce pouvoir est resserré que, bien qu'il soit très facile d'en laisser perdre une parcelle, la moindre parcelle perdue cause une poignante anxiété. » Et ailleurs il touche à l'éloquence en parlant de l'utilité morale et intellectuelle qu'il a trouvée dans la médecine : « Je ne troquerais pas contre quoi que ce soit cette part de savoir que j'ai jadis conquise par un labeur persistant. Pour l'homme qui ne craint pas de compatir avec les lamentables misères de la nature humaine, soit qu'elle se montre pâle et défigurée sur la table d'amphithéâtre ou que, dans un lit d'hôpital, elle demande secours contre la douleur et le danger, peu d'enseignements valent celui-là. J'ai touché à bien des points dans le domaine du savoir ; aucun ne m'a désintéressé de la médecine, des recherches qu'elle poursuit et de la contemplation de cette pathologie, inévitable tourment des êtres vivants, sur laquelle il est si difficile et si beau de remporter de notables victoires[1]. »

C'est à ce premier goût, persistant à travers les études et les occupations les plus différentes, que se rapportent les nombreux travaux qui le signalèrent successivement à l'attention publique comme un des représentants distingués de cette science, et lui ouvrirent plus tard les portes de l'Académie de médecine. Il prépara longuement l'édition et la traduction des œuvres d'Hippocrate qui parurent de 1839 à 1861, et dont le premier volume excita une véritable émotion dans le monde scientifique, où il annonça la venue d'un

---

1. Préface au livre de M. Eugène Noël, *Mémoires d'un imbécile*.

vrai savant. Depuis 1832, il publie un grand nombre de travaux dont un des plus remarqués fut *le Choléra oriental*, en 1832 ; il édite une revue médicale, *l'Expérience*, de 1837 à 1846, avec M. Dezeimeris ; il traduit l'*Histoire naturelle* de Pline l'Ancien (1848), le *Manuel de physiologie* de Müller (1851) ; il procède, au point de vue positiviste, à la refonte complète du *Dictionnaire de médecine et de chirurgie* de Pierre Nysten (1854), en collaboration avec M. Charles Robin. Sa vraie spécialité, dans cet ordre de travaux, c'est l'érudition critique et la médecine historique. En ce genre, son introduction aux traités hippocratiques est une œuvre de maître. Bien que la constitution du texte laisse encore à désirer, que le commentaire et les notes n'aient pas sur tous les points une valeur définitive, qu'il y ait bien ici et là des obscurités persistantes et quelques défaillances philologiques, ce grand travail marque une date, et si on le dépasse plus tard, ce sera à condition de s'en être beaucoup servi. Dans les questions d'ordre physiologique et médical, M. Littré me paraît représenter l'histoire et la discussion libre plutôt que l'intuition, la science en tant qu'érudition, non en tant qu'invention. La plupart des faux jugements que l'on porte sur le mérite des hommes, dans les spécialités scientifiques, tient à ce que l'on confond l'érudition et l'invention. M. Littré a su beaucoup ; il a travaillé plus que ne le comporte la capacité ordinaire des autres hommes, il a su tout ce qu'il était nécessaire de savoir pour suffire à des tâches aussi variées ; il a rempli les conditions requises pour être un excellent historien de la médecine, il a laissé en ce genre quelques parties achevées, des morceaux excellents d'exposition et de critique; mais il n'a tiré aucune découverte de sa méthode si vantée. La fameuse publication du *Dictionnaire* de Nysten aurait pu être aussi bien signée d'un disciple de Cabanis que d'un disciple de M. Auguste Comte, sauf, bien entendu, la différence des temps et le progrès des connaissances. C'est de la science positive, contraire à toutes les influences mystiques ou aux considérations spiritualistes de quelque nature qu'elles soient, ce n'est pas nécessairement du positivisme; il n'y a pas de découverte scientifique qui se rattache directement à l'impulsion d'Auguste Comte ni à sa doctrine. Je ne veux pas dire qu'il n'y ait pas de positivistes qui aient inventé dans l'ordre des sciences physiologiques et médicales ; mais n'auraient-ils pas fait les mêmes découvertes en dehors de l'école ?

Entre temps, M. Littré était devenu, depuis 1831, rédacteur au *National*, spécialement chargé de la traduction des journaux étrangers. Il resta trois ans dans ces fonctions obscures, lorsqu'à la fin de 1834 il eut l'occasion de faire sur des sujets scientifiques quelques-uns de ces articles qu'on appelle, en langage de journaliste, des Variétés. Quand le dernier parut au commencement de l'année 1835, Armand Carrel, qui était alors à Sainte-Pélagie, fut frappé cette fois du talent qui s'y révélait, et il écrivit à la mère de M. Littré une lettre que celui-ci garda plus de quarante ans en portefeuille et qu'il ne voulut pas publier aussi longtemps que sa carrière n'était pas terminée[1]. « C'est à vous, madame, disait Carrel, que je veux faire compliment

---

1. *Conservation, Révolution, Positivisme, Remarques*, 2ᵉ édition, p. 201.

de l'admirable morceau qu'Émile nous a donné ce matin dans le *National*. Je sais que je ne peux lui faire de plus grand plaisir que de vous en faire à vous-même, et les éloges que sa modestie ne recevrait pas de moi, il m'en saura peut-être un peu plus de gré s'il sait qu'en passant par vous ils ont pu vous donner un moment de jouissance maternelle. Dites-lui, madame, qu'il est notre maître à tous, que je ne sais à Paris personne capable d'écrire son article sur Herschel, et que je rougis de m'être donné pendant trois ans comme rédacteur en chef d'un journal dans lequel il se contentait d'une tâche si au-dessous de son savoir et d'un talent pour le moins égal à ce savoir... Je ne mesure la hauteur à laquelle est parvenu notre bon et modeste Littré, par un travail solitaire, inaperçu, infatigable, qu'en m'avouant ma propre ignorance sur tant de matières qu'il traite, en se jouant, avec une supériorité si grande. » Voilà une lettre bien digne du noble esprit qui l'écrivait et de celui qu'elle honorait en le désignant pour un avenir certain.

C'est à cette époque (1835) que M. Littré se

maria. Il avait, avant de s'y décider, traversé une période douloureuse d'indécision ; hanté par des idées noires, il hésitait, nous dit-on, entre le mariage, un voyage lointain et le suicide. Sa mère le décida au mariage, et choisit pour lui une personne intelligente, dévouée et qui, par surcroît fort inattendu, était pieuse. « La fille qui lui naquit, dit Sainte-Beuve, et qui a été plus tard si digne de son père, une aide intelligente dans ses travaux, fut élevée, selon la foi de sa mère, chrétiennement. C'est ainsi que ce philosophe, au cœur doux autant qu'à l'esprit élevé comprend la tolérance et l'exerce autour de lui. Ce fut lui-même qui éleva sa fille, et, de même qu'il avait respecté toujours dans sa femme la piété qu'elle avait, il la respecta également dans sa fille avec une délicatesse et une douceur parfaites. » Un de ses amis intimes a raconté à notre savant confrère, M. Baudry, que Littré avait d'abord l'intention d'exposer à sa fille ses propres convictions lorsqu'elle serait d'âge à les comprendre, et de la mettre alors à même de choisir entre les opinions de son père et celles de sa mère ; mais que, le moment arrivé, il recula devant le chagrin qu'il aurait causé à sa femme : la bonté de son cœur se refusa à une épreuve de ce genre, et, dussent les stoïciens de l'athéisme l'en blâmer, il jugea que cette expérience « ne valait pas les larmes qu'elle aurait fait couler. » M. Littré avait au plus haut point la sensibilité de famille ; on le vit bien dans tous les événements graves de sa vie : en 1838, quand il perdit son frère Barthélemy, mort des suites d'un empoisonnement cadavérique ; en 1842, quand il perdit sa mère. Des témoins l'ont dépeint, dans ces deux circonstances, « fixe, immobile, la tête baissée près du foyer, dans une sorte de stupeur muette, restant des mois entiers sans travailler, sans toucher une plume ni un livre, et comme mort à tout. » Même au terme de la vieillesse et quand il eut dépassé les années qu'il fut donné à sa mère d'atteindre, le deuil le ressaisissait encore quand il pensait à la dernière nuit, à la nuit de mort, et l'amertume inondait son cœur. Mais les travailleurs n'ont pas le droit de se livrer innocemment à leurs plus légitimes douleurs, et c'est ce qui les sauve. M. Littré dut se remettre à écrire ; la vie autour de lui n'attendait pas et ne pouvait pas faire crédit à la mort; un travail acharné put seul le tirer de cette crise, qui, prolongée, fût devenue fatale et se fût terminée, disent ses amis, par le suicide ou la folie.

En 1840, il avait lu les écrits d'Auguste Comte et s'était initié à la philosophie dont il devait devenir l'apôtre et à son tour le chef. Peu de temps après, il fit connaissance avec le maître lui-même et mit sa plume au service de l'homme qui avait fait briller à ses yeux de nouvelles clartés, jusqu'au jour où il fit schisme avec lui et se retira de son patronage immédiat. Mais, au début et pendant de longues années, il fut le scrupuleux sectateur de la doctrine ; il l'installa même dans le *National*, « non pas, dit-il, que les principaux rédacteurs en fussent des adhérents : ils étaient entre eux de philosophies fort diverses, mais ils me laissaient traiter de la mienne à ma guise, non pas une fois, mais couramment et quand l'occasion me paraissait propice. » Depuis 1844, il eut ainsi dans ce journal un cadre réservé pour cette philosophie et comme une tribune ouverte pour la répandre.

Nous reviendrons plus tard sur les origines et
les transformations de la doctrine positiviste
dans cette intelligence à la fois tenace et mobile ;
il nous suffira d'indiquer ici la suite de ses
publications dans cet ordre de travaux : l'*Analyse raisonnée du cours de philosophie positive*,
en 1845 ; *Application de la philosophie positive
au gouvernement des sociétés*, en 1849 ; *Conservation, Révolution et Positivisme*, en 1852. Tous
ces ouvrages sont des collections d'articles, la
plupart empruntés au *National*. En 1859, ce
sont les *Paroles de philosophie positive* ; en
1863, *Auguste Comte et la philosophie positive* ;
en 1876, les *Fragments de philosophie positive
et de sociologie contemporaine*. Depuis 1867, il
avait fondé et dirigeait, avec M. Wyrouboff, la
Revue de philosophie positive, qui fut, dans les
dernières années de sa vie, l'unique organe de
ses idées.

Cette nomenclature imposante de travaux
philosophiques aurait de quoi remplir une longue
vie et satisfaire à une grande activité. Mais pendant qu'il développait concurremment ses études
sur l'histoire de la médecine avec ses travaux de

propagande et de discussion en faveur de la philosophie positive, sur une troisième ligne s'étendait parallèlement, dans le *Journal des Savants*, dans le *Journal des Débats* et dans la *Revue des Deux Mondes*, une série d'articles sur de tout autres sujets, des études d'histoire et de critique littéraire, de philologie comparée et de linguistique, qui formèrent plusieurs volumes, l'*Histoire de la langue française* (titre un peu ambitieux pour des fragments, et regretté par l'auteur lui-même), *Littérature et Histoire* (1875), *les Barbares et le Moyen Age*, la traduction de l'*Enfer* de Dante en langue d'oïl du xiv⁰ siècle et en vers (1879); enfin, les *Études et Glanures* (1880). C'est à l'occasion de ses travaux académiques que, sans l'avoir prévu, il se trouva engagé un jour dans l'étude du vieux français, où il devait acquérir une si grande autorité. Nommé dès 1839 membre de l'Académie des inscriptions et belles-lettres, il avait été choisi, quelque temps après, pour remplir la place de M. Fauriel dans la commission chargée de continuer l'*Histoire littéraire de la France*. Il se dévoua à sa tâche nouvelle avec cette obstination qui ne connut jamais ni l'obstacle ni la fatigue, et sentit s'éveiller en lui des instincts qu'il ignorait ; il devint par ce côté jusque-là inaperçu de son esprit, et grâce à une volonté de fer, un archéologue de la langue, un témoin irrécusable de ses transformations, un philologue de premier ordre, un maître et un juge. C'est de cet ensemble de qualités innées ou acquises, tardivement révélées, que sortit cette grande œuvre, ce monument, le *Dictionnaire de la langue française*, qui aurait suffi à illustrer son nom et qui n'est qu'un épisode de cette vaste carrière, mais un épisode décisif et triomphal. M. Littré s'y prépara longtemps par ses études sur les origines et les évolutions organiques de la langue française. Successeur naturel des Raynouard et des Diez, persuadé comme eux que les langues du moyen âge ne s'étaient pas formées au hasard dans la décomposition du latin, et qu'une logique secrète gouverne ces transformations qui ne sont des hasards que pour notre ignorance, il s'applique à compléter leurs découvertes ou plutôt à les prolonger dans la même direction : il cherche, par les plus fines analogies les règles grammaticales qui président à ces évolutions ; il s'occupe activement de la prosodie dans les vieux poèmes français, essayant de surprendre par elle la prononciation et les lois de l'accent, et de remonter à l'étymologie ; il arrive ainsi à déterminer le mode de construction de ces idiomes intermédiaires, qu'il connaît et qu'il admire assez pour trouver dans leur confusion débrouillée des caractères de vigueur native et même, à certains égards, de supériorité sur les langues modernes élaborées par eux et sorties, à un jour donné, toutes formées de ce laborieux berceau. C'est en 1846, après de longues hésitations, qu'il se crut assez assuré de ses progrès dans ces études nouvelles pour accepter l'œuvre à laquelle le conviait, depuis cinq années, un homme qui mérite d'occuper une place à part dans l'histoire des lettres françaises au xixe siècle. C'était son ancien condisciple, M. Hachette, un de ces grands libraires qui ont le don de deviner les talents et qui deviennent, par leur intelligente sympathie, des éditeurs non seulement de livres, mais d'hommes. Sans ses encouragements et sa sollicitude toujours en éveil, sans un peu de contrainte qu'il sut exercer sur une modestie parfois découragée, il est plus que probable que le Dictionnaire n'aurait pas existé.

Si l'on veut se faire une idée de l'immensité de l'œuvre et de la puissance de travail qu'elle représente, il faut lire une causerie écrite un an à peine avant sa mort par M. Littré, sous ce titre : « Comment j'ai fait mon Dictionnaire de la langue française[1], » et qui éclaire d'un jour tout nouveau ses procédés et la méthode qui a présidé à son œuvre, en même temps que les détails les plus intimes de sa vie, mêlée, pendant près de quinze ans, à cette œuvre au point d'en être inséparable. On y trouve, dans un mélange singulier, des explications très savantes sur les recherches préparatoires, sur la logique et l'architecture de ce monument, et des confidences sur la *res angusta domi*, sur les avances que l'auteur reçoit de son éditeur, la manière dont il s'acquitte, puis les bénéfices inespérés qu'il réalise, et sa surprise en voyant le grand succès de l'ouvrage. Nous analyserons quelques

1. Datée du 1er mars 1880 et publiée dans les *Études et Glanures*.

pages qui ajoutent plus d'un trait à la physionomie de M. Littré. A la distance de quarante années, il s'étonne d'avoir osé concevoir une pareille entreprise.

> Mais quoi! rien ne remplit
> Les vastes appétits d'un faiseur de conquêtes.

« Entendons-nous, dit-il, sur mes *vastes appétits*. Je suis de ces esprits inquiets ou charmés qui voudraient parcourir les champs divers du savoir et obtenir, suivant la belle expression de Molière, des *clartés de tout*; mais à la fois, avare et avide, je n'aimais à rien lâcher. C'est ainsi que je continuai mon Hippocrate, tout en entreprenant mon Dictionnaire. Que n'ai-je pas roulé dans mon esprit? Si ma vieillesse avait été forte et que la maladie ne l'eût pas accablée, j'aurais mis la main, avec quelques collaborateurs, à une Histoire universelle dont j'avais tout le plan [1]. » — C'est en 1841 qu'il

---

1. C'est le sujet d'une leçon faite à l'École polytechnique à Bordeaux pendant la guerre, le 1ᵉʳ février 1871.

avait conçu la première idée de son Dictionnaire; un traité fut dès ce moment conclu avec son libraire. Mais d'autres travaux devaient être achevés, et plusieurs années s'écoulèrent sans qu'il pût « introduire cette nouvelle besogne dans le cadre de sa journée ». Ce temps ne fut pas cependant perdu pour l'œuvre future. « On sait que parfois, pendant le sommeil, des idées qui nous ont occupé la veille s'élaborent inconsciemment; de même, pendant ce trop long sommeil de mon projet, mes idées s'étaient modifiées. » D'un commun accord, il fut convenu avec M. Hachette qu'il ne s'agirait plus, comme dans le plan primitif, d'un *Dictionnaire étymologique de la langue française;* on ajouta le mot *historique.* C'était là, en effet, le point dominant qui préoccupait M. Littré depuis qu'il considérait son projet sous toutes ses faces. Il avoue de bonne grâce que l'idée n'était pas de lui. Voltaire en avait proposé une ébauche en conseillant de citer, au lieu d'exemples arbitraires, des phrases tirées des meilleurs écrivains. Génin, amoureux de la vieille langue, recommanda de remonter délibérément jusqu'à elle et de ne pas craindre d'y chercher des autorités. M. Littré s'appropria l'idée de Voltaire et le conseil de Génin en composant un plan original qui fût bien à lui. Il était le premier qui entreprenait de soumettre de tout point le dictionnaire à l'histoire. — Cependant, il hésita encore avant d'acquiescer à la proposition définitive de M. Hachette; il demanda vingt-quatre heures de réflexion. « Ces vingt-quatre heures furent un temps d'angoisses; je passai la nuit sans fermer l'œil, soupesant en idée le fardeau dont il s'agissait définitivement de me charger. Jamais la sévère réalité du vers d'Horace ne se présenta plus vivement à mon esprit (*quid ferre recusent, quid valeant humeri*). La longueur de l'entreprise, qui, je le prévoyais, me mènerait jusqu'à la vieillesse, et la nécessité de la combiner durant beaucoup d'années avec les travaux qui me faisaient vivre, se jetaient en travers de ma résolution. Enfin, vers le matin, le courage prit le dessus. J'eus honte de reculer après m'être avancé. La séduction du plan que j'avais conçu fut la plus forte, et je signai le traité. » Ne dirait-on pas, en lisant le récit dramatique de cette nuit de savant, Alexandre ou Condé, la veille de leurs grandes batailles? Et, en effet, c'était une bataille qu'il s'agissait de livrer et de gagner pour celui qu'on a pu nommer « un grand serviteur de la langue française ».

Nous ne pouvons entrer dans les innombrables détails de l'opération que M. Littré nous expose avec une infatigable complaisance. Bornons-nous à quelques indications. Il fallait tout d'abord rassembler force exemples dans nos classiques et dans les textes d'ancienne langue. Pour cela, il était nécessaire de constituer un atelier. On mit à sa disposition des personnes instruites, qui lurent pour lui les auteurs et inscrivirent les phrases relevées, sur de petits papiers portant en tête le mot de l'exemple. M. Littré lisait de son côté et dépouillait certains livres. Ses instructions à ses collaborateurs étaient fort générales : recueillir autant que faire se pourrait des exemples de tous les mots, n'omettre ni les archaïsmes, ni les néologismes, ni les contraventions à la grammaire; avoir l'œil sur les acceptions détournées ou singulières, et donner la préférence aux exemples intéressants ou par leur élégance, ou par l'anecdote, ou par l'histoire. Le programme une fois fixé, l'atelier fonctionna avec une régulière et féconde activité. Toutes les contributions de chaque auxiliaire venaient se concentrer entre les mains du chef principal et s'organiser en un recueil d'observations positives et d'expériences arrangées pour éclairer l'usage de la grammaire[1]. La disposition commune à tous les articles est celle-ci : le mot, la prononciation, la conjugaison du verbe, si le verbe a quelque irrégularité; la définition et les divers sens classés et appuyés d'exemples pris dans les auteurs des xviie, xviiie et xixe siècles; des remarques, quand il y a lieu, sur l'orthographe, la signification, la construction grammaticale; la discussion des synonymes dans certains cas; l'historique, c'est-à-dire la collection des exemples depuis les temps les plus anciens de la langue jusqu'au xvie siècle; enfin, l'étymologie. Chaque article devenait ainsi la monographie d'un mot, son histoire, son état

---

1. *Préface du Dictionnaire*, p. 6 et 56.

civil tout entier dans le présent et dans le passé ; cela n'avait pas encore été fait.

Le plan était excellent ; mais il ne se dessina pas du premier coup avec cette clarté aux yeux de l'auteur ; il ne se détermina qu'au prix de maint essai avorté et de maintes fausses routes essayées sans résultat. Cette indécision primitive fut la première difficulté sérieuse. « Celui qui considère mes quatre volumes, leurs milliers de pages et ses trois colonnes, estime certainement que beaucoup de temps a été employé à tout cela ; mais ce dont il ne se doute pas, c'est combien de temps, dont il ne reste aucune trace, a été enfoui en recherches vaines et sans résultat, en retours sur les pas faits, en remaniements et en reprises. » La seconde difficulté était de se borner dans le choix des exemples. « Avec les proportions où j'avais conçu mon Dictionnaire, je me serais perdu sans ressources dans le temps et dans l'espace si je m'étais laissé aller, en chacun des compartiments qu'il embrassait, à la tentation d'y être complet. Il était urgent de se résigner à un sacrifice et de procéder au tout en se refusant à mettre la dernière main aux parties. Je n'ai point eu à me repentir de ma résolution. Le tout se fit, et c'était l'essentiel; car, en bien des cas, il est le juge suprême des parties. »

L'impression commença enfin sur l'ordre de l'éditeur, qui jugeait avec raison qu'elle ne commencerait jamais si l'on attendait que le travail fût achevé et que l'auteur en fût content. Mais alors que de nouvelles angoisses! En l'état où était le travail, le malheureux auteur se convainquit que la copie allait vite manquer, et que dès lors l'impression marcherait avec tant de lenteur, que ni lui ni l'éditeur, qui n'étaient plus jeunes, n'en verraient la fin. La perte eût été grande pour tous deux, mais pour lui c'était de plus un grand désastre moral. Il tomba dans le découragement; ce fut tout un petit drame intérieur. Ou bien il fallait abandonner le Dictionnaire, ou bien il fallait en précipiter l'exécution en se contentant d'une œuvre hâtive, inachevée. « Il n'est rien de tel que d'être dans une mauvaise position pour avoir de mauvaises pensées. » Il essaya d'abord de se persuader que son Dictionnaire, même imparfait, l'emportait encore de beaucoup sur les œuvres de ce genre, et que cela devait lui suffire. Il procédait *par flatterie* envers lui-même pour se décider à déserter son œuvre et pour se résigner, tout en voyant le mieux et le plus, au pire et au moindre. Quelle tentation, mais aussi quelle chute devant sa propre conscience! Après qu'il eut faibli un instant devant son devoir, une honte généreuse le prit; il résolut de n'abdiquer rien du plan qu'il s'était imposé. Mais pour cela il fallait régler sa vie entière en vue de ce résultat et organiser heure par heure, durant plusieurs années, son travail et celui de ses collaborateurs, sans se relâcher un jour et en essayant de gagner et de maintenir une avance sur l'imprimerie. M. Beaujean, dès le commencement, puis M. Jullien, M. Sommer, et après lui, M. Despois, M. Baudry, le capitaine André, se relayaient avec un zèle infatigable. M. Littré était le reviseur général : mais il y avait tant de détails à revoir qu'il aurait succombé à la peine sans les deux auxiliaires que l'éditeur lui octroya bien volontiers, sa femme et sa fille, témoins de ses perplexités, travaillant sous ses yeux et dans le rayon de son activité personnelle. Grâce à l'admirable économie de temps et de force qui fut ainsi réalisée, l'impression, commencée dans le dernier quartier de l'année 1859, finit en 1872 ; elle avait duré plus de treize ans et avait été précédée de deux années de préparation.

Quelle vie de cénobite ! Il n'en est pas de plus sévère. Depuis huit heures du matin jusqu'au dîner, à six heures, et depuis sept heures du soir jusqu'à trois heures du matin, c'était la mesure du travail accordé au Dictionnaire, interrompu seulement pendant deux heures dans l'après-midi en faveur des autres labeurs immédiatement exigibles. L'existence ainsi réglée ne fut suspendue que par les événements politiques, par la guerre et par la Commune. M. Littré avait pris les plus sages précautions pour la conservation de ce trésor colossal de petits papiers qui était l'avenir de son Dictionnaire ; il nous raconte l'odyssée des huit caisses transportées, au moment de la guerre, de la cave de la petite maison de Mesnil-le-Roi dans les caves de la maison Hachette. On aurait pu croire que c'était une fortune de banquier, aux précautions que prenait M. Littré pour la protéger ; c'était une fortune, en effet, mais d'un genre tout idéal. Quand on put rentrer à Paris, « on trouva que tout avait dormi tranquillement pendant de longs mois, et, comme dans le conte de Perrault, tout, copie en train, placards à demi corrigés et feuilles commencées, se réveilla en sursaut. » Malgré la vie nouvelle qui s'était ouverte alors pour M. Littré, devenu membre de l'Assemblée nationale, l'œuvre suspendue fut reprise avec tant d'activité qu'elle s'acheva dans les délais à peu près prévus. M. Littré avait cinquante-huit ans quand il remit la première page à son imprimeur; il en avait soixante et onze quand il donna en 1872 le dernier bon à tirer, « avec le sentiment d'un résultat obtenu par de grands efforts, après beaucoup d'années, en dépit de moments de vrai désespoir intérieur et de bien rudes traverses extérieures. Le succès vint le récompenser de tant de peine : il fut éclatant et dépassa de beaucoup les plus orgueilleuses espérances de l'auteur. Notre littérature était dotée d'un monument, qui restera pour tout écrivain un auxiliaire indispensable et qui ne sera certainement pas dépassé, durant un siècle au moins, quelles que soient les critiques de détail qu'on ait pu faire sur certaines lacunes ou imperfections qui disparaissent dans la beauté sévère et l'ordonnance du tout. Comme le disait Littré, pour une œuvre pareille, c'est le tout qui est le juge des parties.

Avec une joie naïve, il calcule que la copie (sans le Supplément) compte 415 636 feuillets, qu'il y a eu plus de 2200 placards de composition; que si le Dictionnaire était composé sur une seule colonne, cette colonne aurait plus de 37 kilomètres 525^m,25. Il s'émerveille, à la réflexion, de tous ces beaux résultats, qu'il doit à la continuité d'un travail sans trêve et sans distraction. Il eut cependant un regret dont l'objet n'était pas bien grave, mais dont il resta pourtant inconsolable. « Mon dessein, dit-il, était de réunir à un repas de félicitation et d'adieu mes collaborateurs, mon éditeur et quelques amis datant du collège ou à peu près. Devenu malade, il me fallut renoncer absolument aux réunions et au repas. J'espérais d'abord que ce n'était qu'un ajournement; mais j'espérais en vain. L'ajournement était définitif. Le temps n'amenda rien, il empira tout, et, en écrivant ces lignes, je tiens la plume d'une main débile et endolorie. »

En effet, la maladie était venue, lente, inexorable. Peu à peu M. Littré fut tout à fait confiné dans sa chambre, presque cloué sur son fauteuil « et représentant assez bien le misérable Scarron que nous connaissons[1] ». Mais Scarron n'était pas médecin, et M. Littré avait cette triste supériorité de pouvoir analyser les signes et les progrès du mal. Il lui vient à ce propos une idée singulière : ce mal ne serait-il pas la conséquence du genre de vie qu'il a mené durant les quinze années de son Dictionnaire? — Il se donne à lui-même une consultation en règle; il tâche de se rappeler tous les symptômes héréditaires; il constate, en les séparant avec soin, les éléments de troubles individuels et la diathèse goutteuse que lui ont léguée ses ascendants, et il termine cette curieuse enquête par ce mot naïf : « J'innocente le Dictionnaire de toutes les perversions organiques qui m'affligent! » Il

1. *Études et Glanures*, p. 437.

consent bien à être malade, et d'une maladie qu'il sait incurable; mais il ne veut pas qu'on accuse le Dictionnaire. Tout est bien, ou du moins tolérable, si le Dictionnaire n'est pas coupable.

Cependant les honneurs étaient venus de toutes parts chercher dans l'ombre de la maison de la rue d'Assas cette vieillesse laborieuse et toujours avide de savoir. « Mon travail, disait-il en 1874, a été récompensé plus que je n'y avais jamais compté. J'ai demandé peu à la société; en revanche, elle m'a accordé au delà de mes espérances ou de mes ambitions. Je rends ce témoignage au moment où, parvenu à la grande vieillesse, je ne sollicite ni ne poursuis plus rien [1]. » Il tirait un juste orgueil de ce que tous ses succès avaient été des succès électifs. L'Académie des inscriptions, depuis plus de quarante années, l'avait élu, jeune encore. Le *Journal des Savants* l'avait choisi pour un de ses collaborateurs. L'Académie de médecine lui avait accordé un de ces sièges dont elle dispose pour ceux qui n'ont pas le grade de docteur. L'Académie fran-

---

1. *Littérature et Histoire*, préface, p. 3 et suiv.

çaise, comme par un regret de l'avoir repoussé en 1863 après un débat fameux, avait saisi l'occasion de l'achèvement du Dictionnaire pour en récompenser l'auteur. Enfin, après avoir été quelque temps député, devenu sénateur inamovible, il avait épuisé toute la série des honneurs qu'un homme de science peut réunir sur sa tête, sans avoir jamais aliéné sa liberté ni à un pouvoir ni à un parti. C'était sa satisfaction intime. Il avait résolu, à un certain moment, « d'arranger sa vie, c'est-à-dire de ne laisser aucune prise, en renfermant étroitement ses ambitions dans ce qui est accordé soit par l'élection, soit par la faveur publique. » — Il y avait réussi, et, de cette façon, il s'était soustrait aux mauvais vouloirs que suscitaient ses opinions philosophiques et qui auraient été un obstacle insurmontable dans certaines carrières. Resté ferme dans une attitude d'opposition absolue pendant tout le temps du second empire, il avait pu constater qu'en dehors de ces carrières les intentions de nuire, dans l'ordre philosophique et littéraire, demeurent, étant donné notre milieu social, sans aucune efficacité. « On a lancé contre moi des polémiques qui devaient me confondre ou, si j'étais trop endurci, écarter d'une tête maudite la foule et l'opinion. Qu'est-il arrivé? Mes amis connus et inconnus, en France et hors de France, ont tenu à mépris ces déclamations ou, dans leur dédain, n'en ont même pas pris connaissance... Puisque, en réalité, on ne s'atteint pas, séparé qu'on est par la violence et l'exagération, ne vaudrait-il pas mieux renoncer aux polémiques insultantes et mensongères[1]? » Souvent discuté avec violence, injurié même, il se consolait, ou plutôt se rendait invulnérable aux attaques par des réflexions du genre de celles-ci : « Les lecteurs des journaux républicains ne lisent point les journaux monarchiques et cléricaux, et réciproquement. La barrière ne se franchit ni d'un côté ni de l'autre; il en résulte qu'on s'ignore beaucoup. Cela crée une espèce d'entresol où l'on se dit à soi-même maintes choses dont l'unique avantage est de se faire plaisir. Ces choses n'ont ni vérité, ni vraisemblance, ni portée ; elles travestissent les

---

1. *Littérature et Histoire*, préface, p. 7.

adversaires, mais on aime à voir des adversaires ainsi travestis, et cela suffit au gros des partis... Comme de parti en parti on ne se lit pas et surtout on ne se croit pas, les journaux adversaires n'ont aucune influence pour décréditer un homme dans le milieu qui le soutient[1]. »

M. Littré avait toutes les curiosités et presque toutes les ambitions de l'esprit, au moins sous forme d'expériences à faire. Il fut poète même, non assurément pour avoir tenté de traduire l'*Enfer* de Dante en vers du xive siècle, ce qui est un tour de force d'érudition plutôt que d'inspiration, mais pour avoir plusieurs fois essayé de donner à sa pensée le rythme et la forme du vers moderne, un peu dans la manière affaiblie de Lamartine. Quelques essais en ce genre nous ont été donnés à la fin du volume *Littérature et Histoire*. Ils expriment la surabondance des sentiments qui débordaient chez lui en présence de quelque grand sujet; ils répondaient à un surplus d'émotion. La *Lumière*, les *Étoiles*, la *Vieillesse*, la *Terre*, voilà quelle est la matière

1. *Conservation, Révolution, Positivisme, Remarques*, 2e édition, p. 46 et 49.

de ces chants. Il y a quelques strophes hardies, bien lancées, quelques beaux vers, mais le coup d'aile ne se soutient guère; le tour est difficile et embarrassé. Ce n'a été d'ailleurs pour lui qu'une tentation passagère; il n'attachait pas à ses vers plus d'importance qu'il ne convient à un galant homme qui s'est amusé à rimer de temps en temps quelque grande pensée, comme celle-ci :

> O terre, mon pays, monde parmi les mondes,
> Tandis que je te suis dans les plaines profondes,
> Il me prend un plaisir austère et pénétrant
> A joindre mes destins aux tiens, dans la carrière
> D'où tu viens en arrière,
> Où tu vas en avant.

Mais pour rencontrer cinq ou six vers qui se suivent harmonieusement, il faut chercher, et le choix est limité.

Parmi ses œuvres en prose, une des plus soignées et qui donnerait la meilleure idée de l'écrivain, c'est le Discours prononcé pour sa réception à l'Académie française en 1873. L'éloge de M. Villemain, qu'il remplace, est délicatement touché; moins sévère que beaucoup de ses confrères en philologie, il admire franchement l'éloquent professeur, il dessine avec finesse son rôle dans les lettres, particulièrement dans l'histoire littéraire et la critique moderne; il reprend à grands traits sa thèse favorite sur le progrès, qui, sous certaines formes particulières, ne s'est pas ralenti même pendant cette période du moyen âge, injustement dépréciée et méconnue par l'école révolutionnaire; il loue les vieux idiomes des xiie et xiiie siècles et va jusqu'à déclarer que la langue d'Amyot et de Montaigne vaut mieux que celle des âges suivants; enfin, il définit à merveille le xviiie siècle, étudié avec tant d'éclat et de goût par M. Villemain; il établit avec une précision vigoureuse le principe des littératures comparées. Nulle part comme ici, par une coquetterie fort légitime pour l'Académie, il ne s'est soucié d'être écrivain; il l'a été pleinement cette fois, comme il l'a été dans plusieurs morceaux de son livre sur *les Barbares et le Moyen Age* et dans quelques pages philosophiques.

L'était-il de nature et de race? Certes, il avait des parties de l'écrivain; il avait l'instinct de la force et de la justesse; il trouvait facilement des images heureuses et neuves ; il avait le souci du mieux ; il se tourmentait vers la perfection. Mais ce souci et ce tourment se marquent trop dans ce qu'il écrit. Il y a dans sa manière une probité manifeste et un peu de gaucherie. La probité veut dire les choses exactement telles qu'elles sont et telles qu'il les pense ; la gaucherie consiste à vouloir trop dire et tout dire. Alors surviennent les mille incidents au milieu desquels flotte la pensée, les circonlocutions qui noient le dessin principal de la phrase, les parenthèses et tout l'accessoire ; c'est le produit naturel des corrections perpétuelles, des repentirs grammaticaux ou psychologiques, des reprises qui allongent la phrase et l'enflent démesurément. M. Littré devenait obscur à force de vouloir être complet. La clarté du style ne s'obtient qu'à la condition de sacrifices continuels, que M. Littré ne sut jamais faire. On regrette aussi l'intervention inattendue de mots techniques qui détonnent au milieu du langage littéraire. Le sentiment de la proportion, de la mesure, de l'art, en un mot, lui manque : bien qu'il ait écrit un assez grand nombre de belles pages, il n'est pas artiste. Il le sentait lui-même : « Quand je compose, disait-il, dans les bons moments, je suis content de ce que trace ma plume; puis vient ce qui est pour moi le quart d'heure de Rabelais, relire, corriger, mettre les épreuves en bon à tirer. En cette seconde phase, mon enchantement a disparu, et je me méfie de tout. »

C'est alors qu'il lui arrivait de gâter tout en voulant mieux faire. Il y a des écrivains pour qui le second moment est celui du perfectionnement définitif, tel du moins que le comporte la nature de leur esprit. Il en est d'autres qui, à l'heure de la revision, cèdent à la tentation fatale des surcharges et des corrections indéfinies. On sait ce que cette inquiétude perpétuelle, chez Balzac, lui coûtait de peine et coûtait de frais à ses éditeurs, qui finissaient par se fâcher. Il ne donnait qu'à contre-cœur le bon à tirer, maniant et remaniant jusqu'au bout ses épreuves, en demandant de nouvelles, fatiguant l'imprimerie par des scrupules toujours renaissants. Sans pousser les choses aussi loin, M. Littré avait un peu la même tendance. De là ce style trop souvent compliqué, issu d'une inspiration hésitante et d'un cerveau qui se torturait, cette lenteur de la phrase surchargée, dont il ne se débarrasse que dans les courts instants de conception vive, de joie intellectuelle et de sensibilité, quand son esprit s'éclaire et s'égaye, quand son âme s'anime d'une grande émotion, ou bien encore quand il est contraint par la nature du sujet et par les limites de son cadre, comme dans les définitions de son Dictionnaire, où l'heureuse nécessité de faire court le force à être excellent.

Un dernier trait que nous fournit sur lui-même M. Littré et qui complète sa physionomie morale. Était-il modeste et dans quelle mesure? « Je le suis certainement, nous dit-il, au point de vue de l'opinion que j'ai de moi-même ; depuis longtemps, je m'examine, souvent et sérieusement ; je ne sais si beaucoup de bonnes opinions de soi résistent à un examen répété ; chez moi, la bonne opinion n'y a pas résisté. — Mais si l'on entend par modestie cette disposition morale qui fait qu'on ne se produit pas, qu'on ne se met pas en avant, qu'on se tient même en arrière, j'ai besoin d'établir une distinction : ce n'est pas la modestie qui m'a retenu en arrière, c'est la conscience de mon insuffisance pour des éventualités que j'entrevoyais vaguement et auxquelles je ne me jugeais pas capable de tenir tête. J'ai été quelquefois bien téméraire, et maintenant que l'œuvre de mon Dictionnaire est finie, je trouve que ce fut à moi une grande témérité de l'entreprendre... Devant ce genre de témérité, je ne recule pas ; mais partout ailleurs j'aurais pu être un bon soldat, je n'aurais pas été un bon capitaine[1]. » C'est cette timidité extérieure qui l'empêchait de prendre la parole devant les assemblées dont il fit partie. Il se produisait bien rarement aussi dans les académies. Lui-même nous raconte que les vendredis, jours des séances de l'Académie des inscriptions et belles-lettres, auxquelles il était d'ailleurs très assidu (tant que le mal le lui permit), il employait l'heure tout entière à feuilleter curieusement un Bossuet, que la bibliothèque de l'Institut mettait à sa disposition, en vue des exemples qu'il avait à y recueillir pour son Dictionnaire. A l'Académie française, il ne pa-

---

1. *Conservation, Révolution, Positivisme*, 2ᵉ édition, p. 204.

raissait guère, sauf les jours d'élection ; la maladie lui en interdit l'accès presque depuis la séance où il fut reçu ; il y prit très rarement la parole, et seulement quand on le pressait, quand il était mis en demeure de donner son avis sur une définition ou une étymologie dans l'œuvre perpétuelle du Dictionnaire d'usage que la Compagnie poursuit sans relâche et qu'elle recommence quand l'ouvrage est achevé, pour le tenir au courant des révolutions de la langue. Mais s'il était souvent absent de nos séances, son témoignage était là, et le Dictionnaire historique, en permanence sur la table, à chaque instant consulté, remplaçait jusqu'à un certain point le célèbre savant. C'était sa voix écrite, recueillie avec le plus grand soin dans tous les cas douteux, écoutée avec déférence ; il gardait ainsi une juste et grande part dans toutes les délibérations qui touchaient à ce vaste domaine de la langue, marqué de ses conquêtes et de son nom.

II

Organisateur plutôt qu'inventeur, tel fut M. Littré. Lui-même semble se juger ainsi dans l'épilogue d'un de ses derniers livres : « Il y avait en moi des éléments capables de se faire jour et d'attirer l'attention ; mais ils ont été tardifs, parce que la faculté de les mettre en mouvement a manqué. Mon esprit n'était pas de ceux qui s'éclairent soudainement devant l'imprévu des circonstances ; personne n'était plus désarmé que moi devant les difficultés subites, si le temps ne m'était pas donné de les étudier et de m'y préparer. De cette façon, mon apprentissage a été long, mais il a été nécessaire, et je serais ingrat si aujourd'hui je m'en plaignais comme d'un temps perdu[1]. » Il était dans le monde intellectuel

---

1. *Conservation, Révolution, Positivisme*, 2ᵉ édition, p. 492.

le même que dans la vie pratique; il n'avait pas l'initiative des idées, mais quand elles s'étaient produites devant lui, même à l'état d'ébauche et sous une forme incomplète, nul ne les saisissait d'une étreinte plus forte et ne s'y attachait avec plus de suite jusqu'au moment où il s'apercevait que cette idée n'était peut-être qu'un aspect incomplet de la vérité. Alors un nouveau travail se faisait en lui. Il essayait, avec son admirable bonne foi, de *se prémunir* contre ses propres habitudes intellectuelles et de combattre ce qu'il appelle « ses insuffisances de toute nature ». Il opérait cette critique de lui-même « à l'aide de tâtonnements qui se cherchaient et se rectifiaient l'un l'autre ». Il sentait profondément le défaut général de son esprit, qui consistait « à ne rien savoir par intuition et pour ainsi dire d'avance et à être contraint de tout apprendre par expériences chèrement achetées et par tentatives redoublées [1] ».

Ainsi s'explique l'histoire de ses idées. Quand on en étudie la succession de près et avec la pré-

---

1. *Études et Glanures*, p. 425.

cision chronologique, et non dans son ensemble nécessairement vague et confus, on voit apparaître clairement les diverses phases par lesquelles M. Littré a passé en politique et en philosophie, et les transitions qui l'ont amené d'une phase à l'autre, l'éducation progressive de son esprit sous l'action simultanée de l'expérience et de la réflexion. Il réalise en lui-même cette loi de l'évolution dont il a si curieusement étudié les applications dans les sociétés humaines. Et qu'on n'aille jamais imaginer, dans une pareille vie, un motif vulgaire qui explique ces transitions, rien qui soit indigne d'un vrai penseur. Le plus grand éloge qu'on puisse faire de lui, c'est qu'il a toujours cherché la lumière, dût-il, comme dit le poète, gémir de l'avoir trouvée. Il est de ces hommes rares qui ne se préfèrent pas eux-mêmes à la vérité, qui ne mettent pas l'amour-propre de leurs idées au-dessus de l'amour du vrai, et qui osent simplement et hardiment dire, quand ils le doivent, ces quatre mots si pénibles à la vanité humaine : « Je me suis trompé. »

Il est curieux de voir comment se manifeste

cette bonne foi dans les questions politiques et sociales. C'est lui-même, lui seul, qu'il faut prendre pour guide dans l'histoire de ses variations. Le témoignage le plus explicite nous est donné dans la seconde édition du livre *Conservation, Révolution, Positivisme*, dont nous avons déjà parlé, l'édition commentée, où chaque chapitre a reçu un *post-scriptum* des plus intéressants, une critique vigoureuse et des rectifications sans nombre, qui nous permettent de mesurer les changements accomplis en trente années d'expérience et de réflexion. L'auteur plaide parfois les circonstances atténuantes pour ses erreurs ou ses illusions passées, mais avec quelle fermeté de jugement il se rectifie lui-même et rétracte ses opinions fausses! Nous donnerons seulement quelques exemples significatifs de cette remarquable disposition d'esprit. Le 18 novembre 1850, sous l'inspiration des idées personnelles de M. Auguste Comte, il avait écrit quelques pages singulièrement utopiques sur *la paix occidentale*. Il y développait avec candeur cette pensée, que les derniers feux du grand embrasement de l'Europe étant éteints depuis

trente-cinq ans, il y avait de grandes chances
pour qu'ils ne se rallumassent jamais. La paix
est prévue par la sociologie, disait-il, depuis plus
de vingt-cinq ans, prévue avant la commotion de
1830, prévue avant les menaces de 1840, prévue
avant février 1848, et toujours, malgré les apparences les plus graves, l'événement lui a donné
raison. Aujourd'hui encore on peut la prévoir
pour tout l'avenir de notre transition, au bout
de laquelle une confédération républicaine aura
uni l'Occident et mis un terme aux conflits les
armes à la main. La solidarité est déjà établie
entre les nations, elle le sera encore mieux dans
dix ans, dans quinze ans. Allemands, Anglais,
Italiens, Français et Espagnols seront plus près
de s'entendre, plus éloignés de se guerroyer qu'ils
ne le furent en 1848... Aujourd'hui, en Europe,
il y a des défaites politiques, il n'y a plus de
défaites militaires. Ce sont les partis qui sont
en lutte dans l'Occident, ce ne sont plus les nations. — Il faut voir comment, en 1878, M. Littré
jugeait l'utopiste de 1850 : « Ces malheureuses
pages, disait-il, sont en contre-sens perpétuel
avec les événements qui se sont déroulés. Elles

respirent une confiance qui me fait mal, même après tant d'années. Elles feront mal aussi au lecteur, qui plaindra un tel aveuglement ou haussera les épaules, selon les sentiments dont il sera animé... A peine avais-je prononcé, dans mon puéril enthousiasme, qu'en Europe il n'y aurait plus de défaites militaires, désormais remplacées par des défaites politiques, que vinrent la défaite militaire de la Russie en Crimée, celle de l'Autriche en Italie, celle de l'Autriche encore en Allemagne, celle de la France à Sedan et à Metz, et tout récemment celle de la Turquie dans les Balkans. Est-ce la fin? Qui le sait?.. Avec une outrecuidance qui maintenant me paraît risible, j'oppose ce que je nomme politique réelle, celle qui prévoit la paix perpétuelle, malgré les apparences, à la politique que je nomme vulgaire et qui consulte les apparences pour conjecturer la paix ou la guerre. La politique réelle a été démentie sans réserve; la politique vulgaire a eu de nouveau et pleinement raison[1]. »

Il ajoutait fièrement : « J'ai tenu à remettre

1. *Conservation, Révolution, Positivisme,* 2ᵉ édition, p. 480 et 483.

moi-même ces pages au jour pour compléter ma confession politique et philosophique. Je me suis trompé ; qui ne se trompe ? Aussi là n'est pas ce qui me trouble. Ce qui me trouble, c'est la certitude avec laquelle j'écartais les faits menaçants, et surtout ma témérité à donner pour gage de confiance en la sociologie des prévisions qui devaient être sitôt démenties. » Il explique ses prodigieuses erreurs par deux raisons : l'une est une raison de personne ; c'était l'absolue confiance qu'il avait eue dans le jugement d'Auguste Comte : « Je ne jurais alors que par la parole du maître ; et pour la trouver vraie, je faisais violence aux faits positifs, j'écartais les signes manifestes. » C'est à cette influence prédominante qu'il rapporte les chimères qu'il se forgeait alors sur la décadence du bonapartisme, sur la consolidation de la république en 1850, sur la suppression nécessaire du budget des cultes et de l'Université, sur la désuétude de la guerre, sur le voisinage de la période positive et l'avènement définitif de la doctrine dans la direction des idées et dans le gouvernement du monde. — L'autre raison par laquelle il expliquait la vanité de ses prophéties, si rudement démenties par la réalité, c'est la confusion qui se faisait alors dans son esprit entre les prédictions de la sociologie et celles des sciences physiques comme l'astronomie. Il lui avait paru, dans les premiers enchantements de la doctrine, que, de même que l'astronomie se démontre aux ignorants par la prévision des phénomènes célestes, ainsi la sociologie devait se démontrer par la prévision de certains faits politiques qu'elle prépare et qu'elle doit prévoir parce qu'elle les amène infailliblement. Mais plus tard il fut conduit à cette réflexion, que plus une science est simple, plus la prévision y est étendue et sûre, et qu'au contraire plus une science est compliquée, plus la prévision y est restreinte et douteuse. C'est le cas de la sociologie, la plus compliquée de toutes les sciences et, par conséquent, celle de toutes qui doit le moins voir à longue portée, tant sont nombreux et délicats les éléments qui entrent dans ses calculs. Il fut ainsi amené à distinguer deux politiques : l'une, l'empirique, qui appartient aux hommes d'État, aux diplomates, aux militaires, aux journalistes, aux rois, aux empereurs, aux ministères, aux représentations nationales; c'est elle qui, à l'aide de l'expérience prochaine et parfois d'intuitions de génie, règle les affaires, décide les événements et conjecture les résultats; l'autre, la politique scientifique, a, pour le moment du moins, peu de vertu pour prévoir les événements et les contingences; mais du moins elle indique les grandes lignes du développement social, et doit, par conséquent, être prise en grande considération. Encore y aurait-il bien à dire sur la réalité des conjectures de la politique scientifique et sur l'exactitude du linéament général qu'elle trace dans un lointain avenir. En plusieurs occasions, M. Littré revient sur cet aveu caractéristique. Aussi renonça-t-il tout simplement à ce rôle équivoque et difficile de prophète positiviste qui lui avait valu tant de mécomptes; il lui suffit désormais de recueillir le plus d'observations possible, de les noter, de réfléchir sur les causes et les lois des événements passés, d'en démêler la complexité toujours croissante, de les ramener à leurs éléments générateurs. C'était là son vrai rôle de philosophe expérimental.

Avec la même ingénuité, bien touchante chez un vieillard arrivé si haut dans l'estime publique, il revisait ses illusions politiques une à une, sans respect humain, sans ménagement pour son amour-propre. Il lui était arrivé, vers 1848, dans l'enivrement de la révolution de février et sous la forte impression des idées de Comte, de croire que ces coups d'État populaires annonçaient une ère nouvelle et que le monde touchait à sa période *positive*, celle où, le savoir étant coordonné philosophiquement, les sociétés allaient y prendre leur règle de penser et d'agir. Il ne s'agissait plus que de préparer la transition. Les traits de cette réforme, qui devait nous amener à l'état définitif, consistaient à restreindre autant que possible le pouvoir parlementaire, en le réduisant aux attributions financières, à restreindre dans la même mesure le suffrage universel, en attendant que le régime spirituel permît de s'en passer, à créer enfin un pouvoir central, composé de trois grands fonctionnaires qui auraient entre les mains le pouvoir exécutif, et nommé exclusivement par le peuple de Paris. « C'est ainsi, disait-il, que les prolétaires arriveront à mettre directement la main au gouvernement. Cela importe à la terminaison de la longue révolution occidentale. C'est pour avoir la liberté que le positivisme supprimera les budgets ecclésiastique et universitaire, ouvrira les clubs et ôtera les entraves de la presse; c'est pour avoir l'ordre, qu'il attribuera la prépondérance à Paris, au pouvoir central et aux prolétaires[1]... Paris a toujours défait et refait les gouvernements, et tant que la France restera la France, il en sera ainsi. La force des choses lui a constamment attribué, dans nos péripéties révolutionnaires, la nomination ou la sanction des chefs qui ont gouverné. Qu'y a-t-il à faire pour la politique positive, sinon de reconnaître cette inévitable attribution et de la régulariser?.. Paris, appelé à cette grande fonction électorale, ne tarderait pas à confier l'autorité à des ouvriers; mais, en ceci encore, il ne ferait qu'obéir à des tendances salutaires. Le prolétariat arrive de toutes parts à la compétition du pouvoir; et comme les instincts progressifs y sont plus puis-

1. *Conservation, Révolution, Positivisme,* 1re édition, préface supprimée dans la 2e édition, p. 22.

sants qu'ailleurs, il y arrive dans des conditions intellectuelles bien préférables à celles qu'y apportent les autres classes[1]. » Le gouvernement de la France par la ville de Paris et la suprématie du prolétariat, voilà tout son programme. Ce n'était pas seulement la cause des droits du prolétaire qu'il plaidait, ce qui est l'essence de la démocratie ; c'était la thèse de ses privilèges nécessaires, ce qui devait rétablir une autre aristocratie, une aristocratie à rebours dans l'État, l'aristocratie de l'ouvrier de Paris, absolument et légalement maître de la France.

Ces idées étaient d'Auguste Comte ; mais M. Littré, qui avait été chargé de les exposer devant la Société positiviste au nom d'une commission, déclarait, trente années après, qu'il les avait alors pleinement acceptées. « Ce n'est pas volontiers, écrivait-il plus tard, que je me suis résigné à imprimer ces pages étranges ; car je ne puis les caractériser autrement ; mais je n'ai pas voulu m'épargner devant le lecteur en

---

1. *Conservation, Révolution, Positivisme*, 1re édition, p. 23.

lui dérobant l'étendue de ce que je regarde présentement comme mes erreurs[1]. » Il s'étonnait même qu'on n'eût point fait usage de ce document, lors de la polémique qui s'éleva contre lui au sujet de sa candidature à l'Académie française en 1863; il reconnaît que c'eût été de bonne guerre; il aurait été atteint au vif, dit-il, et obligé de se désavouer lui-même en un moment désagréable. Plus libre de cette pression extérieure, il consigna une rétractation complète de ces opinions, d'abord dans le livre sur *Auguste Comte et la Philosophie positive*, puis dans les *Fragments de philosophie positive*, enfin, dans les *Remarques* écrites en 1878. Il nous dit comment l'événement a soufflé sur cet échafaudage hypothétique sans en rien laisser; il montre à merveille comment certaines conditions inhérentes au milieu politique et social de la France faisaient de cette conception de Comte une hypothèse irréalisable. Il reconnaît qu'il y avait trois graves erreurs de fait à la base de cette conception : l'une qui consistait à croire

---

1. *Conservation, Révolution, Positivisme*, 2ᵉ édition, p. 246.

que la révolution de février avait amené la situation à un point que les positivistes appelaient la transition, et qui formait l'unique étape entre l'état présent et un régime définitif; une autre erreur concernait les prolétaires, qui n'étaient pas en mesure de prendre et de retenir le pouvoir. Les prolétaires, en effet, il le déclara plus tard, ne sont pas le tout des classes populaires; ils n'en sont, en France du moins, qu'une portion; l'autre portion, très importante et plus nombreuse, est constituée par les paysans. La troisième erreur concernait les socialistes, que M. Littré considérait alors comme des demi-positivistes et qui ne l'étaient en aucune façon[1]. « Ces trois erreurs de fait, conclut M. Littré, ôtaient toute chance possible d'application au projet de gouvernement révolutionnaire et transitoire, sans parler des obstacles qu'auraient opposés les provinces à la domination de Paris, les bourgeois à la prépondérance des ouvriers, les paysans aux systèmes socialistes ou autres. »

Avec cette théorie condamnée sur le rôle pri-

---

1. *Conservation, Révolution, Positivisme*, p. 247, 248 et 327.

vilégié du prolétariat tombèrent toutes les illusions du même genre qui avaient un instant hanté son esprit. Il finit par comprendre qu'il n'y avait pas de milieu entre cette grande chimère, le gouvernement direct de la multitude aboutissant à l'anarchie ou à des dictatures momentanées, et le régime parlementaire pur et simple. Il se rangea décidément à ce second parti et, dans les dernières années, il en devint le plus zélé défenseur. Il a plusieurs fois développé des considérations remarquables sur ce sujet : le vrai est que la multitude, très apte à faire prévaloir des sentiments et des tendances, à soutenir et à sanctionner, ne l'est pas à gouverner. Plus une multitude est nombreuse, moins elle est capable d'avoir une décision sur les choses de gouvernement ; les lumières y sont insuffisantes, les occupations privées prennent le temps de chacun ; les intérêts s'y croisent sans accord[1]. Il y aurait un très grand mal à ce que la multitude gouvernât directement ; il y a un très grand bien à ce qu'elle gouverne par des

---

1. *Remarques*, p. 171 et 252.

intermédiaires. Qu'est-ce cela, sinon le régime parlementaire? — Or, ce régime, soit monarchique, soit républicain, semble approprié à la situation présente des nations européennes. On en parle même pour la Russie. C'est ce que l'homme d'aujourd'hui a trouvé de mieux approprié aux conditions du milieu social. Ce régime donne des garanties suffisantes à l'ordre, il en donne aussi à la liberté, car il comporte une presse affranchie d'entraves, la prépondérance de l'opinion, la possibilité de tout discuter, la participation, par représentation, du grand nombre à la gestion des affaires publiques; enfin, il est ouvert aux réformes que signalent l'expérience politique et le progrès général. — En 1879, dans quelques pages très curieuses, il insistait sur l'erreur considérable que Comte avait commise en professant que le régime parlementaire était un produit britannique, inhabile à être transplanté [1]. D'une revue rapide de la marche de la civilisation occidentale, il tirait la conclusion toute contraire, à savoir que ce régime,

---

1. *Revue de philosophie positive*, juillet-août 1879, p. 140.

bien loin d'être en déchéance depuis cinquante ans, est en croissance régulière sur le continent. N'étant pas tout d'une pièce et comportant des gradations, il est ici plus puissant, et là plus faible, mais partout il conserve sa propriété caractéristique, qui est d'assurer la publicité, la discussion, le meilleur système des garanties à tous et à chacun. M. Littré restait républicain convaincu, comme il l'avait été depuis de longues années, mais il était devenu républicain parlementaire.

C'est ainsi que peu à peu, par des expériences répétées, par des réflexions bien conduites, par une sincérité complète à l'égard de ses propres idées et des événements, cet esprit, progressif et méditatif, s'élargissait, s'affranchissait de la secte, s'élevait et se pacifiait. Il vivait de plus en plus en face de sa conscience dans le passé et dans le présent. Lui-même a marqué d'un trait profond et délicat cette histoire intérieure d'un esprit qui s'observe, se châtie et s'améliore sans cesse, dans cette page écrite peu de temps avant sa mort : « Une vie qui se prolonge beaucoup, au milieu de la souffrance permanente, il est vrai, mais avec un esprit qui garde, ce me semble, la lucidité, me ramène aux jugements du passé par le présent, n'étant, à la différence du vieillard d'Horace, ni prôneur du temps passé, ni censeur et *châtieur* du temps présent. Je trouve singulièrement instructif, pour moi du moins, de me reporter à quarante ou cinquante ans en arrière, et de voir ce que les événements ont fait de ce que nous avions cru, redouté, espéré. Il me paraît, malgré la croyance contraire, qu'un vieillard qui n'est pas entêté de lui-même est aussi *redressable* qu'un homme plus jeune, et qu'il ne peut plus garder de préjugé pour ce qui jadis l'avait passionné et obsédé. Je me remets ici au point de vue de la philosophie positive telle que je l'adoptais sans réserve. La réserve, les événements me l'ont apprise. Y a-t-il beaucoup de vieux révolutionnaires, de vieux conservateurs qui se résignent, comme le vieux positiviste que je suis, à mettre une part de leurs déceptions sur eux-mêmes, au lieu de la mettre toute sur les événements?[1] »

1. *Expérience rétrospective au sujet de notre plus récente histoire.*

Cette réserve, que les événements lui avaient apprise, se manifeste par l'éloignement qu'il montre de plus en plus, en vieillissant, pour l'école révolutionnaire, ses jugements historiques, ses procédés de gouvernement et ses expédients politiques. Il définit la Révolution l'ensemble des tendances qui attaquent et ruinent violemment le passé dans ses croyances et dans ses institutions. Sa source est dans le conflit croissant entre le savoir positif et les croyances théologiques; son péril est la tendance à l'anarchie, résultat inévitable des conceptions rationnelles, des combinaisons purement subjectives, en dehors de tout appui dans l'expérience, dont chacune a en soi assez d'attrait pour faire la conquête de certains groupes d'esprits, mais dont aucune n'a assez de consistance pour s'imposer au plus grand nombre et faire loi[1]. C'est ainsi qu'elle dissout la société, et qu'en même temps elle rompt brusquement l'enchaînement des générations. Elle tient le passé en grande aversion; elle engage contre lui une lutte redoutable, et il est naturel qu'elle

---

1. *Remarques*, p. 103.

haïsse énergiquement son adversaire. Cette inévitable situation lui fait commettre à son égard les plus graves erreurs et les plus criantes injustices : elle l'excommunie tout entier, elle le déclare inepte et infâme, elle l'anéantirait si elle pouvait, et ne conserve aucun sentiment de l'histoire. La doctrine de l'évolution se substitue de plus en plus dans les esprits éclairés à cette doctrine violente. Elle rend au passé ses droits historiques, elle explique sa raison d'être, tout en accordant à la révolution sa part de légitimité suivant les temps et suivant les lieux. Elle déroule lentement et logiquement, à travers le temps et l'espace, la chaîne des idées et celle des générations ; elle ne déchire rien brusquement, elle constate et elle suit le mouvement de progrès logique et naturel inhérent à la vie organique des sociétés ; elle ne s'arroge pas la faculté de modifier à son profit les choses naturelles, elle se soumet scientifiquement à leurs lois, et ce n'est qu'à cette condition qu'elle peut s'en servir.

De cette philosophie expérimentale et raisonnée il est facile de déduire toutes les idées et tous les sentiments qui servirent de règle à la conscience de M. Littré dans l'appréciation des événements contemporains, et d'abord sa haine contre le socialisme armé, ses condamnations réitérées de la Commune, sa réprobation énergique de toutes les formes de l'assassinat politique [1]. Contre toutes ces manifestations de la violence, son verdict était inflexible, et il l'énonçait sans ménagement. Sous l'influence de ces idées, il traitait de crime politique toute insurrection, de même que tout coup d'État renversant ou tentant de renverser un pouvoir établi, afin de remettre entre les mains d'un homme ou d'un parti la gestion de la chose publique. Ce genre de crime, selon lui, est le plus considérable de tous, du moins dans nos sociétés modernes ; les contre-coups s'en font sentir non seulement sur les particuliers que l'on frappe pour vaincre leur résistance, mais aussi sur la fortune publique, sur la situation internationale, sur les relations intérieures des citoyens entre eux, sur la moralité commune. Aussi mérite-t-il d'être étudié, comme un cas de pathologie sociale [2]. « De 1814

---

1. *Remarques*, p 455, 457 et suiv.
2. *Revue de philosophie positive*, juillet-août 1879.

à 1871 (jusqu'au vote de Bordeaux qui consacre la troisième république comme un fait, jusqu'au vote de Versailles qui la consacre comme un droit) la culpabilité politique emplit notre histoire ; roi, empereur, populaire, y trempent à l'envi, et elle se paye chèrement au tribunal sociologique, qui inflige en toute rigueur aux prémisses leurs conséquences.... Tous, pendant ces quarante-sept années, tous, légitimistes, républicains et impérialistes, sont passibles d'une seule et même condamnation. Je me mépriserais si, parce que je suis républicain, je faisais en cela une exception pour le parti de la république et louais chez lui les coups que je blâme ailleurs. Je n'admets ni que ce qui est mal chez les uns soit bien chez les autres, ni que la fin justifie les moyens. Je suis d'avance du côté de ceux qui résolument renoncent aux voies violentes ; mais parmi ceux qui n'y renoncent pas, mon impartialité est complète,—impartialité qui n'est point de l'indifférence, car c'est le cœur déchiré que j'ai assisté à mainte péripétie de notre récente histoire. »

Les mêmes principes expliquent son attitude

d'historien devant le christianisme et celle qu'il prit comme législateur, en une occasion solennelle, devant des pouvoirs qui lui semblèrent manquer de libéralisme et de tolérance. On s'étonnait parfois, dans le parti de la démocratie avancée, de trouver en lui des jugements empreints d'une certaine faveur sur le rôle historique du christianisme dans le monde. M. Littré l'expliquait par une simple distinction. En tant que disciple de la doctrine positive, il appartenait à un parti philosophique, et, là, il était l'adversaire des théologies; il insistait sur l'incompatibilité qu'il croyait saisir entre elles et la conception moderne du monde. Mais tout autre était et devait être son langage quand il parlait en historien. Alors il se rappelait que les religions entrent dans la contexture intime du développement de l'humanité; que ce développement ne peut être séparé de leur action, et que, tout compensé, puisqu'on loue le point de civilisation où nous sommes arrivés, on doit faire la part de ces collaboratrices assidues et puissantes dans l'œuvre accomplie. « Celui qui verrait dans cette nouvelle attitude une contradiction ou un démenti de moi-même ferait preuve d'étroitesse d'esprit et de bien lourds préjugés[1]. »

Ce ne serait pas non plus une contradiction dans la pratique ni un démenti à lui-même, si, devenu homme de gouvernement et ayant à gérer les intérêts matériels et moraux de nos sociétés si complexes, M. Littré avait tenu pour son devoir politique le plus strict de faire jouir les théologies de la protection et de l'indépendance que l'État doit à toutes les doctrines. Ce fut même là l'objet spécial d'un écrit très curieux, publié presque simultanément dans la *Revue de philosophie positive* et dans le journal *le Temps* en 1879, sous ce titre : *le Catholicisme selon le suffrage universel en France*, et qui fit une sensation profonde dans les deux partis, celui avec lequel votait d'ordinaire M. Littré, et le parti contraire, l'un scandalisé de l'éclat d'une telle dissidence, l'autre étonné d'une pareille impartialité. Au fond, M. Littré était fidèle à lui-même et à ses idées. Certes il n'était pas tendre pour le cléricalisme ni pour les jésuites. Combattre leurs

---

[1] *Revue de philosophie positive*, mars-avril 1880.

entreprises lui paraissait un des principaux soucis de la politique présente ; il s'effrayait du triomphe possible de leurs doctrines et les étalait non sans âpreté. Mais, pour lui, la question n'était pas une question de doctrine, c'était une question d'équité. Pour écarter le péril de ce triomphe redouté, deux systèmes étaient en présence : l'un, le préventif, procède par des lois d'exception qui frappent d'interdit telles ou telles associations, tel ou tel enseignement ; l'autre, le répressif, n'ayant recours à aucune arme particulière, réprime quand il y a lieu, mais s'en rapporte pour la défense des plus chers intérêts nationaux à l'ensemble des institutions laïques vigoureusement soutenu et développé [1]. C'est de ce point de vue que M. Littré juge ce grand débat et résout la question avec une singulière fermeté de principes. Il se déclare, en tout état de choses, l'adversaire du système préventif et des mesures d'exception ; dans le cas particulier qui se présente et qui est relatif à la liberté d'enseignement, il les juge inutiles et nuisibles et il en

---

[1] *Revue de philosophie positive*, septembre-octobre 1879.

donne abondamment ses raisons. Le régime de la liberté est, à son avis, non seulement plus efficace que l'autre, mais le seul efficace, avec de la constance, de la modération et de l'habileté. On parle de représailles légitimes. Eh quoi ! nous dit-on, faut-il donc accorder la tolérance à qui ne tolère pas ? Faut-il accorder la liberté à qui la refuse à autrui ? M. Littré n'hésite pas à dire : Oui. Depuis longtemps les laïques, les sectateurs des idées et des institutions modernes prétendent l'emporter en moralité, c'est-à-dire apparemment en justice et en équité, sur les fauteurs des doctrines théologiques ; le principal témoignage de cette supériorité, la plus précieuse de toutes, est justement la tolérance qu'ils pratiquent à l'égard de leurs adversaires et qui est le nouveau *labarum*, portant comme l'ancien : *In hoc signo vinces*. — « Mais faut-il donc permettre aux jésuites de former, au sein de la nation, une nation ennemie toujours disposée à ruiner de façon ou d'autre tout l'établissement laïque ? — Cette nation ennemie, qui existe, continuera d'exister, n'en doutez pas, soit qu'on interdise ou non l'enseignement aux jésuites. Les convictions religieuses qui l'entretiennent défient les mesures temporelles. Ce sont des convictions contraires qu'il convient de lui opposer, et ces convictions contraires ne manquent pas, car elles ont fait la France ce qu'elle est. Sachons donc en prendre notre parti et nous résigner à ce danger bien connu, ni surfait ni atténué. Rien d'ailleurs n'est plus salutaire, quand on sait s'élever au-dessus des infatuations, qu'une menace toujours présente et le frein auquel nous soumet la vigilance redoutable d'un ennemi acharné[1]. »

Telle est en substance cette fameuse déclaration de principes qui fut comme son discours suprême au Sénat, discours que sa timidité l'aurait en tout cas empêché de prononcer, même s'il en eût eu la force, mais qu'il adressa du fond de son cabinet de travail à ses amis et à ses ennemis et qui eut un retentissement profond dans les esprits. On eut tort, selon lui, d'y voir autre chose qu'une protestation au nom de la justice, égale pour tous. Sur ce seul point il se sépara de ses amis politiques. Sur le fond des

---

1. *Revue de philosophie positive*, p. 239 et 242.

choses, son opinion ne paraît pas sensiblement modifiée; du haut de la conception positiviste, il juge avec la même sévérité qu'autrefois ce qu'il appelle « les théologies ». Cependant on put s'y tromper. « Quand on le vit prendre parti historiquement pour le catholicisme durant le moyen âge, plusieurs s'imaginèrent qu'il gardait au fond du cœur des attachements secrets pour des doctrines dont il faisait l'éloge, — l'éloge relatif, bien entendu. Et, de même, la part qu'il prit aux débats de l'instruction publique, loin de contredire les tendances qu'on lui supposait, sembla les confirmer. Il s'était montré partisan résolu d'une politique qui tiendrait plus de compte que les républicains ne font d'ordinaire du catholicisme de la majorité et qui ménagerait davantage les intérêts religieux[1]. » Cela suffit pour inspirer aux uns des espérances, aux autres des alarmes, que M. Littré déclara tout à fait excessives.

Pour se rendre un compte exact de l'état de son esprit à cette date si voisine des derniers

---

1. *Revue de philosophie positive*, mai-juin 1880.

jours, il faut lire une sorte de testament philosophique, publié en 1880, et qui porte ce titre mélancolique et grave : *Pour la dernière fois.*
« S'il est des questions, disait-il, sur lesquelles quelque occasion s'offre de revenir, il faut bien s'avouer, quand on est entré comme moi dans la quatre-vingtième année, non sans un pénible cortège de désordres pathologiques, il faut s'avouer que l'on y revient pour la dernière fois. Plus tard, l'occasion, ou le temps, ou la volonté manqueront. Les questions dont je parle sont celles sur lesquelles Claudien a douté en beaux vers, si

> Curarent superi terras an nullus inesset
> Rector, et incerto fluerent mortalia casu. »

M. Littré rappelle sommairement les crises de sa vie philosophique. Au début, ses croyances étaient celles du déisme : Dieu, l'âme et l'immortalité. Il les avait puisées, sans enseignement dogmatique, dans le milieu qui l'entourait. Lui aussi, il avait eu, comme Jouffroy, dans sa première jeunesse, une nuit fatidique qui lui ravit ses croyances déistes, comme elle enleva à Jouffroy sa foi religieuse. Un soir, dans sa petite chambre, où, sorti du collège, il commençait à se livrer à l'étude, il s'arrêta tout à coup, et sans que rien eût préparé la question, il se demanda sur quel fondement *il croyait ce qu'il croyait*. A sa grande surprise, non sans quelque effroi, il ne sut que répondre à cette redoutable question que personne, parmi ceux qui pensent, n'évite un jour ou l'autre. Ce fut un coup inattendu et qui pénétra fort avant. Alors « il laissa aller toute sa religion naturelle et il devint *négateur* d'une façon fort analogue à celle du xviii° siècle ». Ce ne fut que beaucoup plus tard que la philosophie positive vint calmer toutes les fluctuations de son esprit, en le mettant à son nouveau point de vue, qui est de traiter les théologies comme un produit historique de l'évolution humaine, de nous convaincre de la relativité de notre entendement et de ne rien affirmer ou de ne rien nier en présence d'un immense inconnaissable [1]. Il déclare que, depuis ce temps, ce point de vue n'a pas changé en lui. Mais au nom de l'évolution

---

1. *Revue de philosophie positive*, octobre 1877 et mai 1880.

historique il s'est réservé le droit de ne pas se porter pour « le contempteur absolu du christianisme et de reconnaître ses grandeurs et ses bienfaits ». Il avoue même « qu'il n'a aucune répugnance à prêter l'oreille aux choses anciennes qui lui parlent tout bas et lui reprochent de les abandonner ». Il ne peut aller au delà.

« L'appel aux émotions religieuses n'a pas été spontané en mon âme ; des occasions, des excitations lui ont été fournies ; je ne les ai refusées ni dédaignées. Mais, chaque fois, elles se sont circonscrites en un point très spécial, à savoir une sorte de problème psychique entre mon *évidence*, qui me fait rejeter les dogmes théologiques, et votre *évidence* qui vous les fait, à vous tous croyants, accepter. » Ce conflit entre les évidences témoigne hautement de la relativité de l'entendement : l'intolérant, de quelque côté qu'il soit, ne la reconnaît pas ; mais le tolérant la reconnaît, l'excuse et la comprend. Aux appels religieux qui leur sont faits, certains esprits répondent tristement le mot célèbre dit à d'autres intentions : *Non possumus.* « Tristement, ai-je dit. Il faut rectifier cet adverbe et le conformer à la réalité. La tristesse domine sans doute en un M. Charles Gréville, duquel il vient de nous raconter un entretien touchant, et dans des âmes disposées comme la sienne, chez Théodore Jouffroy, par exemple... Je n'ai rien à y contester, rien à y épiloguer ; *suum quisque habet animum*, a dit avec pleine raison Tite-Live. Mais il en est à qui dans cette situation d'esprit la tristesse est tout à fait étrangère. Ils vivent leur vie telle que la nature la leur accorde, avec ses joies et ses douleurs, l'occupant par le travail, la rehaussant par les arts, les lettres et les sciences, et lui assignent un idéal dans le service de l'humanité. »

C'est de ce regard grave et ferme, le regard d'un stoïque, qu'il considérait la vieillesse, qui s'aggravait tous les jours, et la mort inévitable. La mort ! c'est l'objet constant des méditations et des exhortations des moralistes. Mais eux-mêmes sont partagés comme les sociétés auxquelles ils appartiennent : les uns croient que la mort est un passage à une autre vie ; les autres pensent qu'il ne reste rien de la personnalité humaine au delà du tombeau. Quelle que soit la divergence de ces discours, la résignation est au bout avec la croyance en une vie éternelle chez les uns, et la croyance en un éternel repos chez les autres [1]. M. Littré, dans les dernières années, avait toujours cette pensée devant les yeux. Elle lui a inspiré ses plus belles pages, celle-ci entre autres, que je regrette d'abréger : « La jeunesse songe peu à la mort ; mais l'idée en devient de plus en plus présente à mesure qu'on avance dans la vieillesse. Parvenu à l'âge de cinquante ans, je m'arrêtai un jour pour considérer combien de ma vie était déjà écoulé ; puis je me remis en route en me disant que, pour atteindre soixante-dix ans, que je m'octroyais libéralement, j'avais vingt ans devant moi, terme assez long pour ne pas encore m'occuper de la mort. Les soixante-dix ans sont venus, ils ont fini à leur tour, ils sont déjà loin, les délais se raccourcissent de moment en moment, et désormais je ne compte plus comme à moi que le jour que je tiens. Voltaire vieux écrit dans une de ses lettres

---

1. *Remarques*, p. 450.

qu'à l'aspect d'une nuit étoilée, il se dit qu'il allait perdre bientôt ce spectacle, qu'il ne le reverrait plus dans toute l'éternité. Comme lui, j'aime à contempler, en songeant que c'est peut-être la dernière fois, la nuit étoilée, la verdure de mon jardin et l'immensité de la mer que je vais visiter tous les ans et que j'ai encore visitée cette année. La pièce où je me tenais ouvrait sur le rivage, et quand la marée était pleine, son flot n'était qu'à quelques pas de moi. Là, que de fois je me suis enfoncé dans la contemplation, me représentant ces Troyennes qui *pontum adspectabant flentes!* Je ne pleurais pas, mais je sentais que ces graves spondées répondaient le mieux à la grandeur du spectacle et au vague de la méditation. » Puis il considère, comme pour s'y préparer, les divers genres de mort : « A l'un, la fin est tranquille ; à l'autre, elle est torturée par de cruelles douleurs. L'un perd connaissance de très bonne heure, l'autre garde jusqu'au bout sa présence d'esprit. L'un espère jusqu'au dernier moment qu'il échappera, l'autre sent que l'atteinte est mortelle et que, comme disait ma mère plusieurs jours avant de finir, il faut aller rejoindre les siens... Enfin, ajoutez-y les accidents, qui sont innombrables. Se préparer trop particulièrement à ce dernier passage est difficile; il comporte tant de diversités et de hasards ! Il y a longtemps que je dis à moi et aux autres: « On meurt comme on peut, non comme on veut. La chance règne dans la mort comme dans la vie. » Il remarquait d'ailleurs que, dans la manière d'envisager la destruction finale, le caractère a bien plus de puissance que les croyances, et que, d'après le caractère, les préparations doivent être différentes. Ceux qui acceptent sans regret ni affliction la nécessité de la mort n'ont qu'à s'entretenir dans ces sentiments ; ceux qui la détestent et en frémissent « doivent s'efforcer d'agir sur eux-mêmes, chercher dans les affections et les occupations un palliatif et gagner ainsi le moment où le coup qui nous attend tous sera porté. »

Dans laquelle de ces dispositions d'esprit la mort vint-elle atteindre M. Littré? Nous n'en savons rien. Ici s'arrête sa vie écrite, la seule sur laquelle nous ayons des documents certains. Que se passa-t-il dans les derniers temps de cette noble existence? La question est posée; elle sera résolue sans doute un jour ou l'autre; mais elle échappe complètement à notre juridiction; un respectueux silence est pour nous la seule manière d'y répondre. Nous avions entrepris une tâche qui n'était pas sans difficulté, celle de faire exposer et raconter par M. Littré lui-même cette vie toute de travail et de réflexion, l'histoire de ses labeurs presque infinis, l'histoire intérieure et souvent dramatique de son esprit. On ne peut quitter un tel homme, en quelque dissidence que l'on soit d'ailleurs avec lui, sans être pénétré d'une sympathie profonde et d'un respect absolu pour cette dignité de conscience qui ne veut laisser derrière elle, volontairement, le germe d'aucune erreur et qui emploie ses dernières années à une sorte d'examen de conscience rigoureux, non dans l'ordre de ses actes, mais dans l'ordre des idées, où il reconnaît qu'il a pu se tromper souvent. C'est l'homme que nous avons étudié d'après lui-même, et si ce portrait est exact, c'est lui qui en a fourni les éléments, les traits principaux, la couleur; notre seul mérite est d'avoir reproduit, avec la fidélité la plus scrupuleuse, l'image qu'il a retracée avec une si touchante sincérité.

CHAPITRE II

LA PHILOSOPHIE POSITIVE, SES TRANSFORMATIONS, SON AVENIR

1

Quoi qu'il advienne du positivisme, qu'il subsiste dans ses grandes lignes ou qu'il aille se résoudre, comme je le crois, dans des doctrines plus radicales et plus simples, le nom de M. Littré restera indissolublement lié à son origine et à sa fortune. Ici encore, pas plus que dans les autres régions intellectuelles où il a marqué sa trace, l'érudition, les sciences physiologiques et médicales, l'histoire des langues et des littératures, on ne peut prétendre qu'il ait été inventeur. En aucun des domaines intellectuels où s'exerce sa robuste volonté, il ne révèle ce qui est en toute chose la grande maîtrise, l'initiative des idées. Ces idées, il les rencontre, non sans des prédispositions secrètes, mais comme par hasard, dans les voies diverses où son activité errante est engagée ; il ne les produit pas de son propre fonds, il les découvre chez les autres, quelquefois tardivement. Mais alors il s'éprend d'elles avec une sorte d'enthousiasme grave ; il se les assimile, il y met l'empreinte puissante de son honnêteté ; il les répand avec un zèle de néophyte qui veut racheter le temps perdu par l'ardeur de la propagande. En même temps et du même coup, pour mieux se les assimiler, il les adapte à la forme de son esprit, il les modifie pour mieux les défendre ; il exerce sur elles un droit de sélection, abandonnant ce qui ne paraît pas devoir être utilement soutenu, gardant ce qui lui semble l'essentiel, critique solide et respecté, apologiste infatigable.

C'est là en raccourci l'histoire de sa rencontre et de ses rapports avec le positivisme. Après avoir ignoré longtemps la philosophie de M. Comte, il fait connaissance avec elle vers le milieu de sa vie, et quand cette philosophie avait déjà quatorze ans d'existence ; du jour où il l'a connue, il se l'est appropriée ; pendant tout le temps qui lui reste à vivre, il va l'exposer, la soutenir avec une persévérance où se marquent les convictions inébranlables ; par un coup d'autorité il la ramènera des voies nouvelles où elle s'égarait à la suite d'un chef aventureux et troublé. — En tout cela peut-on dire qu'il est original? Assurément non, s'il s'agit des conceptions fondamentales d'où procède ce mouvement philosophique; il l'est pourtant d'une certaine manière pour la faculté critique appliquée au discernement des idées, ainsi que par cette dialectique, faite de ténacité et de science, qui s'emploie à lutter chaque jour contre les objections ou les préventions et se renouvelle avec les obstacles. Dans l'histoire philosophique de notre temps, il a marqué sa place à côté du fondateur de l'école, au même rang que lui peut-être. Il y a ainsi, dans presque toutes les écoles philosophiques, une place privilégiée pour celui qui organise la doctrine ou qui la défend, à côté de celui qui l'a fondée, pour les Parménide ou les Zénon à côté des Xénophane.

Il faut bien reconnaître d'ailleurs que Littré ne défend le positivisme qu'après l'avoir réduit à la mesure qu'il croit acceptable et en sacrifiant résolument les parties qui lui semblent d'avance caduques ou condamnées. Plusieurs des lois et des conceptions qu'il avait d'abord gardées tombent d'elles-mêmes en désuétude entre ses mains ; le positivisme va en se dépouillant de plus en plus. Rien de plus instructif que les transformations subies par cette philosophie dans le quart de siècle qui sépare deux dates, la mort d'Auguste Comte et celle de Littré.

Auguste Comte mourait le 5 septembre 1857. A ce moment solennel dans l'histoire de l'école, sous quel aspect se présentait la philosophie inaugurée trente-cinq ans auparavant dans un modeste essai qui fut tiré à cent exemplaires, n'eut aucun retentissement, et dont le seul intérêt aujourd'hui est de marquer une date? Pendant ce long intervalle d'années, l'activité féconde d'Auguste Comte ne s'était pas ralentie un jour, pas une heure, sauf le temps pris par les crises qui survinrent, sous des formes plus ou moins graves, dans ce cerveau puissant et surmené. Le monument auquel son nom est attaché s'était élevé d'assises en assises jusqu'au faîte. Il avait été précédé en 1826 par la publication du plan définitif; de 1830 à 1842 parurent les six volumes qui forment le *Cours de philosophie positive*, renfermant comme sur de vastes échelons, distribués méthodiquement, les préliminaires généraux, la philosophie mathématique, la philosophie de la physique proprement dite, la philosophie chimique et la philosophie biologique, enfin la philosophie sociale. Ainsi s'était accompli ce que M. Littré appelait l'œuvre philosophique du XIX° siècle, et dont le but était « de donner à la philosophie la méthode positive des sciences, aux sciences l'idée d'ensemble de la philosophie ». Seize années s'étaient écoulées entre la conception et l'achèvement; mais la conception avait eu tant de sûreté que, malgré ce long espace de temps, l'achèvement y avait répondu de tout point [1].

On aurait pu croire qu'arrivé à ce terme, le grand travailleur allait jouir de son œuvre achevée, se borner à la répandre, à gagner les esprits rebelles. Il n'en est rien. A peine avait-il terminé cette partie de sa tâche, qu'on pourrait appeler la partie théorique, qu'il concevait déjà ou rêvait une seconde partie consacrée aux applications politiques et

---

1. *Principes de philosophie positive*, préface d'un disciple, p. 8.

sociales. Après quelques années de méditations, de 1851 à 1854, il publiait le *Système de politique positive* ou *Traité de sociologie instituant la religion de l'humanité*. C'est à ce nouvel ordre de conceptions politiques, sociales et religieuses que se rapportent tant de publications diverses qui éclosent sous sa plume, le *Calendrier positiviste*, la *Bibliothèque positiviste*, le *Catéchisme positiviste*, la fameuse *Lettre à Sa Majesté le tsar Nicolas*, invoqué comme le patron prédestiné de la politique et de la philosophie nouvelles, enfin le premier volume de la *Synthèse subjective, ou système universel des conceptions propres à l'état normal de l'humanité*, qui parut un an avant sa mort. Nous n'avons pas à raconter ici au prix de quelles épreuves cette œuvre immense avait été accomplie. De pareilles idées sont les maîtresses jalouses d'une vie et ne laissent guère de place pour d'autres préoccupations. « Auguste Comte avait pu philosopher à Paris, ce que n'avait pu faire Descartes. Mais il y avait vécu pauvre, inconnu, et finalement menacé dans ses moyens d'existence. Il s'était enveloppé d'une insouciance pour le lendemain que son irrésistible vocation lui rendait moins difficile qu'à un autre [1]. » Quand il mourut, il ne vivait plus, depuis plusieurs années, que des subsides de ses amis et de ses disciples. Mais enfin il eut cette joie de vivre et de mourir dans son rêve réalisé. Y a-t-il une joie humaine au-dessus de celle-là ? « Qu'est-ce qu'une grande vie ? Une pensée de la jeunesse réalisée par l'âge mûr, » a dit Alfred de Vigny. Cette belle parole, Auguste Comte s'en était emparée pour caractériser sa propre carrière. Et ce ne fut pas par outrecuidance, ce fut par un juste sentiment de la continuité et de la grandeur de ses travaux. Il fut l'homme d'une pensée unique [2].

Son ambition avait été l'universalité aussi bien dans la spéculation que dans l'action. Il avait voulu fonder du même coup, et par la seule impulsion d'un esprit solitaire, un système théorique et pratique à la fois, une philosophie totale qui résumerait les philosophies partielles de chaque science, une politique ou organisation so-

---

[1]. *Principes de philosophie positive*, préface d'un disciple, p. 21.
[2]. *Auguste Comte et la Philosophie positive*, p. 1.

ciale qui réconcilierait dans une synthèse les deux termes de l'éternelle antinomie, l'ordre et le progrès, — enfin une religion qui remplacerait toutes les autres et gouvernerait, par un idéal défini, toutes les aspirations de l'humanité. C'est à quoi il s'était appliqué avec une énergie et une tension extraordinaires d'esprit. Il avait fini, après des commencements obscurs et des luttes sans nombre, par conquérir un certain nombre d'adhérents dévoués, et par remuer le monde philosophique, d'abord indifférent, de mouvements assez divers où dominaient l'étonnement et une sorte d'inquiétude. Cette curiosité même avait été tardive. Les livres d'Auguste Comte, saturés de notions abstraites et de termes techniques, d'une prolixité fatigante, d'un style rebutant et dur, s'étaient répandus, non au grand jour et par un succès immédiat, mais par une sorte d'infiltration lente, parmi quelques esprits curieux et dans cette partie du public « ouverte par des dispositions spontanées aux doctrines positives ». Rien, du reste, n'avait été fait par l'auteur pour produire ses ouvrages; il les publiait, voilà tout, et les laissait cheminer tout seuls, appuyés de temps en temps par quelques cours publics et gratuits sans grand retentissement. Très désireux d'avoir des disciples, il n'usait même pas, pour en gagner, des procédés les plus élémentaires et de l'action individuelle qu'il pouvait exercer [1]. Il avouait qu'il n'avait jamais espéré plus d'une cinquantaine de disciples dans l'Occident européen, et il se félicitait d'avoir dépassé ce nombre. Plus tard, il est vrai, il se flatta d'obtenir des conversions en masse; il était convaincu que le monde allait venir à lui; il dévorait, dans son ardente et maladive pensée, les transitions nécessaires; il attendait son heure prochaine avec l'assurance d'un homme qui se croyait infaillible en même temps qu'universel. Il rapprochait de jour en jour cette date marquée par les destins pour la conversion du genre humain; mais il faut dire qu'il était alors dans cette « période pathologique » dont ses disciples parlent avec douleur. Il ne discutait plus, il pontifiait; il exerçait les prérogatives attachées à ce titre; il mariait et donnait les autres sacrements du

---

1. *Auguste Comte et la Philosophie positive*, p. 665.

nouveau culte, il n'écrivait plus de lettres, mais des brefs. Le positivisme en était venu à réaliser complètement cette définition qu'en a donnée M. Huxley : « un catholicisme avec le christianisme en moins. »

Malgré de graves dissidences indiquées déjà dans les dernières années, M. Littré était l'héritier désigné de l'œuvre d'Auguste Comte, doublement désigné, et par la haute probité de son caractère qui s'imposait à tout le monde, et par son savoir encyclopédique devant lequel chacun s'inclinait. C'est en 1840 qu'il avait connu M. Comte. Sous le poids des plus lourdes épreuves de la vie, il avait cherché une distraction en dehors du cours de ses études et de sa pensée habituelle. Un ami commun lui avait prêté le *Système de philosophie positive*. M. Comte, apprenant qu'il lisait son livre, lui en adressa un exemplaire; tel fut le commencement de leur liaison. Littré ne se rappelait pas sans émotion ces origines d'une amitié qui eut une si grande influence sur sa vie : « M. Comte, disait-il plus tard, ne s'était pas trompé dans l'avance qu'il me faisait. Son livre me subjugua. Une lutte s'établit entre mes anciennes opinions et les nouvelles. Celles-ci triomphèrent d'autant plus sûrement que, me montrant que mon passé n'était qu'un stage, elles produisaient non pas rupture et contradiction, mais extension et développement. Je devins dès lors disciple de la philosophie positive et je le suis resté, sans autres changements que ceux que me demandait l'effort incessant de poursuivre, à travers d'autres travaux d'ailleurs obligatoires, les rectifications et les agrandissements qu'elle comporte[1]. » Nous verrons tout à l'heure dans quelle large mesure se produisirent ces rectifications nécessaires. Nous verrons que, s'il accepta l'héritage du maître, ce ne fut que sous bénéfice d'inventaire. Comment procéda-t-il à cette liquidation très embrouillée? Que devait-il prendre, pour sa part, dans le trésor fort mélangé qui tombait entre ses mains, et incorporer dans sa fortune intellectuelle? Que devait-il rejeter comme suspect et de mauvais aloi? Nous ne croyons pas nous tromper, après avoir vécu longtemps dans l'étude

---

1. *Auguste Comte et la Philosophie positive*, préface.

de la pensée de M. Littré, en disant qu'insensiblement les liens étroits de la doctrine se relâchaient dans son esprit, que le dogmatisme des premiers jours de ferveur tendait à se dissoudre et se résolvait en conceptions plus ou moins libres dont la seule force de cohésion subsistante était une négation, si bien qu'il arriva que la philosophie positive, fondée pour échapper aux idées purement négatives du dix-huitième siècle, après un grand effort de reconstitution philosophique et sociale, devait retourner à son point de départ. Si l'on se rend attentif à la marche ascendante et descendante de cette école à travers bien des apparences contraires et des oscillations qui trompent le regard, on se persuadera que l'exclusion des conceptions théologiques et métaphysiques, qui est bien évidemment une idée négative, est le seul dogme qui reste debout au terme de cette longue élaboration d'un demi-siècle, en même temps qu'elle est la raison la plus claire et la plus décisive de la popularité de cette école auprès du gros public qui n'a pas le temps de regarder aux détails et aux nuances.

Sans doute ce travail de décomposition ne se

fait pas sentir immédiatement dans l'école; ce n'est que par degrés et après plusieurs degrés franchis que le résultat en est perceptible. Malgré certains doutes et les ébranlements de confiance survenus sur des points graves, Littré restait toujours fermement attaché à la conception primordiale du positivisme, de même qu'il demeurait l'admirateur de Comte et son apologiste sans réserve, toutes les fois qu'il lui arrivait d'exposer l'ensemble de l'œuvre. Il ne cessa pas de proclamer le bienfait intellectuel et surtout le bienfait moral que cette philosophie a conféré à lui et aux hommes de son temps qui souffraient du même mal. Elle est à la fois, selon lui, le produit et le remède d'une époque profondément troublée. De sourdes et confuses terreurs assaillent l'homme réfléchi et les foules irréfléchies. En effet, que voit-on? Des ébranlements prolongés, des espérances déçues, des fluctuations sans arrêt, la crainte du retour d'un passé qu'on repousse, et l'incertitude d'un avenir qu'on ne peut définir. Ce trouble de l'heure présente, ce désarroi des consciences, ce manque d'équilibre des âmes, cette instabilité prodigieuse des croyances dont tout le monde souffre à son heure, tout cela tient, nous dit-on, à l'antagonisme du savoir toujours croissant et d'un reste précaire de domination des théologies et des métaphysiques qui se sentent ruinées par la science. Auguste Comte, le premier, aperçut clairement que l'office vrai de la philosophie nouvelle devait être de rattacher toute la stabilité mentale et sociale à la stabilité de la science, qui est le point fixe donné par tout le progrès de la civilisation, et de tirer du savoir positif l'ordre entier des croyances, au lieu de perpétuer entre la croyance et la science un conflit irrémédiable et désespérant. C'est là le centre de ralliement pour tous ceux qui, spontanément, c'est-à-dire sous l'action dissolvante du milieu social, ont abandonné la foi traditionnelle. En ralliant ces consciences éparses et sans lien, la philosophie nouvelle aura rendu un grand service social. En faisant son dogme intellectuel de la connaissance réelle du monde, elle fera son dogme moral du service de l'humanité [1].

C'est donc comme bienfaiteur que Littré salue

1. *Principes de philosophie positive*, préface d'un disciple.

Auguste Comte, avec la même piété que Lucrèce autrefois pour Épicure, quand il le proclamait le libérateur de son âme et du monde asservi. « Au prix des vives lumières dont je lui suis redevable, quel compte dois-je tenir de quelques erreurs dans lesquelles il a pu m'entraîner? Si l'enseignement que j'ai reçu de ses ouvrages m'eût fait défaut, je serais resté, suivant la nature de mon esprit et de mes études, dans la condition négative, ayant reconnu d'une part, après des efforts souvent recommencés, que je ne pouvais accepter aucune philosophie théologique ou métaphysique, et d'une autre part, ayant reconnu également que je ne pouvais, par mes propres forces, monter à un point de vue universel qui me tînt lieu de métaphysique et de théologie. Ce point de vue, M. Comte me l'a donné. Ma situation mentale en fut profondément modifiée ; mon esprit devint tranquille et je trouvai enfin la sérénité[1]. » Si en effet, Auguste Comte put rendre à une génération troublée la sérénité perdue, cette louange n'est pas excessive, et

1. *Auguste Comte et la Philosophie positive*, p. 516.

la plus haute gratitude n'égalera pas la grandeur du bienfait. Mais la conscience de bien des hommes de cette génération proteste et crie très haut que, s'il y a eu des penseurs isolés, comme Littré, qui se sont trouvés guéris à ce prix et à qui il a suffi, pour être pacifiés, d'éliminer simplement l'idée de l'absolu, ce remède n'a pas suffi à tous, et que le vide de l'âme est trop profond pour que des faits et des formules de lois puissent le remplir. La question même est de savoir si ce remède a suffi toujours à M. Littré.

C'est à ce titre, et surtout par cet ordre de services, qu'Auguste Comte a mérité aux yeux de Littré le titre de novateur. C'est pour avoir supprimé toute lutte dans l'intelligence humaine, non en supprimant la philosophie, d'ordinaire hostile à la science, mais en lui donnant le même contenu qu'à la science, les mêmes méthodes, en d'autres termes en l'identifiant au savoir positif, au lieu d'en faire un pouvoir indépendant et nécessairement rebelle ; c'est non pas pour avoir proposé un principe de doctrine et d'organisation (beaucoup l'avaient fait avant lui), mais pour avoir proposé un principe nouveau qui concentre en soi toute la vertu de la science positive, seule inattaquée et croissante, qui porte avec lui la cohérence et la conséquence, par conséquent les éléments de la paix intellectuelle, et détruit radicalement dans l'esprit toute chance et toute occasion de conflit. Celui qui s'y attache n'a plus, si l'on peut ainsi parler, qu'une seule conscience, n'ayant plus qu'une seule manière de penser, le mode positif[1]. Dès lors, plus de ces grandes batailles de l'esprit avec lui-même, se déchirant avec une sorte de fureur, divisé entre les données positives du savoir qui le retiennent et les belles chimères qui l'appellent ailleurs. En réduisant toute la sphère de la pensée au domaine de la connaissance *vérifiée*, Comte a exclu définitivement la connaissance *imaginée* ; il l'a forcée d'abord de se réfugier dans l'absolu et, par un dernier coup de force, il ferme cet absolu, déclaré hypothétique et en tout cas inaccessible. Il ne faut pas s'étonner que le disciple reconnaissant, oubliant toute l'histoire de l'empirisme qui, sous d'autres formes et d'autres noms, arrive partout

---

1. *Principes de philosophie positive*, préface d'un disciple.

au même résultat, s'élève jusqu'à l'enthousiasme, quand il célèbre l'affranchissement apporté par son maître au monde : « M. Comte fut illuminé des rayons du génie. Celui qui, à l'issue de la mêlée confuse du dix-huitième siècle, aperçut, au commencement du dix-neuvième, le point fictif ou subjectif qui est inhérent à toute théologie et à toute métaphysique; celui qui forma le projet et vit la possibilité d'éliminer ce point dont le désaccord avec les spéculations réelles est la plus grande difficulté du temps présent; celui qui reconnut que, pour parvenir à cette élimination, il fallait d'abord trouver la loi dynamique de l'histoire, et la trouva; celui qui, devenu par cette immense découverte maître de tout le domaine du savoir humain, pensa que la sûre et féconde méthode des sciences pouvait se généraliser, et la généralisa; enfin celui qui, du même coup, comprenant l'indissoluble liaison avec l'ordre social d'une philosophie qui embrassait tout, entrevit le premier les bases du gouvernement rationnel de l'humanité; celui-là, dis-je, mérite une place, et une grande place, à côté des plus illustres coopérateurs de cette vaste évolution qui entraîna le passé et entraînera l'avenir. » C'est par cette page, qui est moins le résumé d'une philosophie qu'un hymne en l'honneur du philosophe, que se termine l'ouvrage consacré par Littré à son initiateur, à son consolateur, à son maître.

Pris d'ensemble et à cette hauteur, un tel éloge ne m'étonne pas, je dirai même qu'il me touche par sa sincérité, qu'il m'émeut par sa solennité. Ce que je comprends moins, je l'avoue, c'est une autre page, extraite du même livre, qui me paraît sur certains points en désaccord avec les évolutions d'un disciple qui fut indépendant. Je dois la citer textuellement, parce qu'elle dépasse la pensée de celui qui l'a écrite et qu'il serait trop aisé d'opposer M. Littré à lui-même : « Aujourd'hui, disait-il dans la préface écrite en 1863, il y a plus de vingt ans que je suis sectateur de cette philosophie; la confiance qu'elle m'inspire, et qui fut au prix de longues méditations et de plus d'une reprise, n'a jamais reçu de démentis. Deux ordres d'épreuves ont été par moi mis en œuvre pour me préserver des illusions et des préjugés : d'abord l'usage que j'ai fait constamment de cette philosophie, puis la sanction que le cours des choses lui apporte. Occupé de sujets très divers, histoire, langues, philosophie, médecine, érudition, je m'en suis constamment servi comme d'une sorte d'outil qui me trace les linéaments, l'origine et l'aboutissement de chaque question, et me préserve du danger de me contredire, cette plaie des esprits d'aujourd'hui ; elle suffit à tout, ne me trompe jamais et m'éclaire toujours. Le cours des choses ne lui est pas moins favorable que l'épreuve individuelle ; non seulement il ne la contredit pas, mais encore tout ce qui advient en science ou en politique lui prépare quelque nouvel appui mental ou social. » On croit rêver si l'on relit cette page au lendemain du jour où l'on a consulté les *Remarques* écrites en 1878 pour la réédition de l'ouvrage *Conservation, Révolution, Positivisme*. Au chapitre précédent nous les avons analysées ; nous avons montré que c'était tout simplement l'histoire d'un esprit sincère, s'affranchissant de ses idées d'autrefois, devenues des erreurs à ses yeux, acceptées imprudemment un jour, sans un contrôle suffisant, sous l'autorité du positivisme et le patronage d'Auguste Comte. Pas une seule de ces remarques qu'on ne puisse mettre en regard de cette assertion étrange de M. Littré, à savoir que sa fidélité à la philosophie positive l'a préservé du danger de se contredire, *cette plaie des esprits d'aujourd'hui*. Tout cet admirable petit livre que nous avons mis sous les yeux de nos lecteurs n'est que le récit des contradictions d'un honnête homme qui reconnaît que, dans un grand nombre de circonstances importantes, il s'est trompé. Il en ressortait aussi cet enseignement, que le cours des choses n'a pas été plus favorable à la démonstration pratique du positivisme que l'expérience individuelle. M. Littré nous donnait la longue énumération des démentis que les prévisions de son maître ont reçus des événements, et aboutissait à cette conclusion douloureuse, que l'histoire s'est montrée réfractaire aux inductions de la sociologie. Il faut tenir compte, pour juger équitablement cette page étrange que nous venons de citer, d'une certaine exaltation momentanée qui peut s'emparer des meilleurs esprits quand ils sont remplis de leur sujet et comme enivrés d'une idée.

Du reste, c'est un fait notoire que déjà quelques années avant la mort d'Auguste Comte, M. Littré avait secoué le joug, devenu trop étroit et trop pesant, du maître autoritaire et illuminé qui avait fini par convertir son autorité en une sorte de tyrannie atrabilaire et mystique. Cet affranchissement relatif, qui ne s'était pas fait sans peine, avait eu pour origine un dissentiment politique. Après une longue intimité intellectuelle de tous les jours et presque de toutes les heures, la rupture avait commencé au sujet du coup d'État de 1851, auquel Auguste Comte s'était rallié, cherchant partout des protecteurs puissants pour la politique qu'il rêvait, les cherchant d'abord en France comme plus tard il les poursuivait jusqu'en Russie. Il arriva même que M. Littré, tout en continuant à payer son subside au budget dont vivait Auguste Comte, finit par se retirer de la société positiviste. A mesure qu'il s'éloigna de l'homme qui avait exercé sur lui un tel ascendant durant onze années, il sentit la nécessité de soumettre au contrôle de la méthode positive tout ce que le maître avait promulgué dans la dernière partie de sa vie et ce que le disciple avait d'abord admis de confiance. « Je ne pense pas, dit M. Littré avec une noble candeur, que j'eusse été capable de le faire si j'étais resté sous l'influence immédiate de M. Comte [1]. » Ce contrôle opportun produisit dans son esprit un mouvement assez considérable pour marquer une date dans l'histoire de l'école. La critique qu'il osa porter sur les doctrines de M. Comte se renferma d'abord dans une simple question de méthode, mais grave, et sur les conséquences qui en découlaient : la prédominance attribuée par M. Comte au sentiment, la subordination de l'esprit au cœur, toute une politique théocratique, enfin le retour à un nouvel état théologique, tout semblable à l'autre par la méthode. Mais la critique une fois éveillée ne devait plus s'endormir, elle fit son œuvre jusqu'au bout. Nous pouvons constater, dans la suite des écrits de M. Littré, la série des transformations déjà en train de s'opérer du vivant même du fondateur de l'école et qui s'accomplissent d'une manière de plus en plus accentuée après sa mort dans l'esprit du plus savant et du plus populaire de ses disciples.

1. *Auguste Comte et la Philosophie positive*, p. 602.

Marquons ces mouvements successifs. Il était arrivé un moment où Auguste Comte, tout en pensant et assurant qu'il ne faisait que développer la doctrine, modifia du tout au tout sa méthode ; c'est « quand il voulut passer des principes posés dans le système de philosophie positive à l'application posée dans le système de politique positive ». Lui-même avoue qu'il échangea alors la méthode objective, celle qui recherche les explications dans les faits généralisés, pour la méthode subjective, celle qui substitue à la conception des lois les intuitions personnelles et les vues de l'esprit.

C'est l'époque où il ne discute plus, où il n'interroge plus les faits, où il imagine, où il impose ses idées personnelles sur les applications politiques et sociales du système. En politique, par exemple, en attendant l'ère de la rénovation intégrale, fondée sur la distinction du pouvoir spirituel et du pouvoir temporel, il voulait établir un gouvernement *sciemment révolutionnaire* pour ce qu'il nomme l'*interrègne*, le temps de transition. Nous avons vu qu'il ne méditait rien moins que d'établir la dictature à l'aide d'un triumvirat nommé à l'élection par le peuple de Paris exclusivement, et choisi parmi les prolétaires. M. Littré eut le tort, dans les jours troublés de 1848, de recevoir d'abord sans examen des idées qu'il devait rejeter plus tard. « C'est, disait-il un grave échec intellectuel, et je le confesse sans détour. La seule compensation que j'y trouve, et elle n'est pas sans valeur, c'est d'abord une leçon de modestie, puis un juste avertissement, à moi, de me défier de moi-même, et à ceux qui veulent bien me lire, de voir en moi un guide qui n'est absolument fidèle que dans sa bonne volonté [1]. »

Dans le domaine religieux la dissidence fut aussi énergique, mais immédiate. Aussitôt que Comte s'écarta sensiblement de l'état positif, « celui où l'esprit humain conçoit que les phénomènes sont régis par des lois immanentes auxquelles il n'y a rien à demander par la prière ou l'adoration, » M. Littré se retira. Pas un instant il n'admit cette conception plus que bizarre, légèrement hallucinée, la terre ou grand fétiche, l'espace ou grand milieu, l'immensité ou grand

1. *Auguste Comte et la Philosophie positive*, p. 587.

être, que Comte appelle aussi la trinité positive, en opposition avec la trinité chrétienne. — On comprend la théologie parlant au nom des révélations. Ici qu'avons-nous? demandait M. Littré. Une fiction? Mais une fiction volontaire n'est l'objet d'aucune croyance, au sens sérieux de ce mot. Une réalité? Mais qui voudra croire que la terre ait eu des volontés et de bonnes intentions pour le futur genre humain, et régler d'après cela son adoration et sa conduite? D'ailleurs, Auguste Comte confesse ouvertement, à ce moment de sa vie, que l'esprit humain ne peut se passer de croire à des volontés indépendantes qui interviennent dans les événements du monde. Mais alors jamais n'a été fait aveu plus mortel à la philosophie positive. Elle repose, en effet, tout entière sur cette donnée, que l'esprit humain n'est nécessairement ni théologien ni métaphysicien, et qu'il ne l'est que transitoirement. Si maintenant on vient nous dire qu'il l'est nécessairement, eh bien! qu'on le proclame et qu'on retourne à l'état théologique antérieur, mais qu'on n'espère pas que de chétives conceptions entrent sérieusement en compétition avec la théologie émanée des profondeurs de l'histoire et consacrée par la grandeur séculaire des institutions et des services [1].

Sur tous ces points de la synthèse politique, sociale et religieuse, M. Littré, non sans déchirements, non sans peine secrète, prend son parti. « J'aurais vivement souhaité qu'il en fût autrement. Disciple de la première partie du système, j'étais tout disposé à l'être de la seconde, de la même façon, c'est-à-dire par cet ascendant irrésistible que porte avec soi la vérité démontrée. L'ascendant fit défaut; et il fallut me séparer de conceptions qui pour moi n'avaient plus de raison d'être. De la sorte, maintenant avec fermeté la philosophie positive qui est la base, j'ai avec non moins de fermeté rejeté, pour une grande part, la politique positive que M. Comte a voulu en déduire. » Il prétend qu'au fond il n'a pas eu à scinder l'œuvre de M. Comte, qui reste intacte et entière; il n'a eu qu'à en retrancher des conséquences et des applications impropres. Mais il a eu, et cela a été douloureux, à scinder M. Comte lui-même, c'est-à-dire à montrer qu'il a été infi-

1. *Auguste Comte et la Philosophie positive*, p. 562-564.

dèle à ses principes et à sa méthode[1]. Cette infidélité, qu'il lui est si pénible de constater, il l'impute à des troubles organiques survenus chez M. Comte, à des affaiblissements produits par l'excès de travail.

Cela est-il rigoureusement exact? N'y a-t-il eu infidélité ou plutôt indépendance du disciple que sur les points indiqués dans cette confession touchante? Qu'on remarque bien que je ne mets pas un instant en doute l'absolue sincérité de ce véritable honnête homme, mais je ne puis m'empêcher de constater qu'il y a d'autres points que ceux-là sur lesquels sa pensée s'est modifiée par l'expérience, par la réflexion, par le contact des événements et des hommes; et l'on ne peut réellement pas dire que l'œuvre d'Auguste Comte, même dans sa première partie, soit restée pour M. Littré « intacte et entière », comme il le prétend. La réflexion est venue après l'enthousiasme des premières années; elle a fait son travail insensible, lent, mais continu. « Après tout, déclare-t-il lui-même, et il a raison, la fonction du disciple est la critique, j'entends cette critique

1. *Auguste Comte et la Philosophie positive*, préface, p. IV.

de bon aloi qui n'écarte le faux que pour mettre en lumière le vrai. » Quand bien même Auguste Comte n'aurait mis au jour que la partie la moins attaquable de son œuvre, le *Système de philosophie positive*, encore faudrait-il que ce livre fût très sérieusement étudié et qu'on y cherchât par un examen rigoureux les parties faibles et les lacunes. Auguste Comte, vivant et irritable, imposait par cela seul à ses disciples de grands ménagements, et certes M. Littré n'aurait jamais voulu être celui qui l'eût troublé dans ce qui lui restait de jours à vivre. Autre est la condition de l'œuvre, désormais impersonnelle, qu'il a laissée; celle-ci n'a aucun besoin de ménagements ; ce serait lui faire injure ; ce qu'elle demande, c'est que la méthode et les principes triomphent, dût ceci ou cela périr ou disparaître. Auguste Comte s'est placé au-dessus du panégyrique ; il ne reste qu'un mode de le louer qui soit digne de lui, c'est celui de l'histoire, l'histoire qui est une critique permanente des idées et des choses dignes de vivre en elle et de la modifier [1].

1. *Auguste Comte et la Philosophie positive*, p. 651.

Aussi M. Littré ne se fait-il pas faute d'indiquer les parties faibles et les insuffisances du système pour obéir à ce devoir de la critique qui n'est que le droit de la vérité sur nous. Nous ne voulons pas entrer dans le détail de la controverse, mais nous devons au moins signaler ce que M. Littré retranche du programme positiviste ou ce qu'il voudrait y ajouter, enfin les parties du système qui ne lui semblent avoir reçu qu'un établissement provisoire. Dans la conclusion de l'ouvrage où il examine l'ensemble de la philosophie positive, il y signale trois lacunes essentielles. D'abord l'économie politique. Il ne conçoit pas que dogmatiquement, en divers passages de ses écrits, elle ait été écartée par Comte comme une fausse science. Il établit qu'elle fait partie intégrante de la sociologie et qu'elle ne peut être négligée sans dommage pour toute la théorie de cette science. C'est en effet une des idées chères à la nouvelle école que le corps social reproduit en traits fidèles, bien qu'agrandis, l'image d'un corps vivant. Dans l'organisme social, l'économie politique représente ce qu'est la nutrition dans l'organisme;

c'en est la partie végétative, celle par où il s'entretient journellement. Or il est aisé de démontrer par l'analyse et la comparaison que les fonctions supérieures du corps social, celles qui administrent la partie morale, esthétique, scientifique et qui conduisent l'évolution, sont sous la dépendance absolue des fonctions inférieures qui assurent l'entretien matériel de la société, ce qu'on peut appeler l'industrie, tout de même que, dans le corps vivant, les fonctions supérieures dévolues au système nerveux sont sous la dépendance des fonctions de nutrition sans lesquelles elles ne peuvent ni exister ni être connues. L'omission de l'économie politique est donc une grave lacune dans la sociologie et aussi un vice grave contre la méthode qui gouverne la hiérarchie des sciences. — Une seconde lacune urgente à combler concerne la théorie cérébrale. L'hypothèse de Gall, adoptée légèrement ou plutôt adaptée avec quelques modifications par Comte à son système, est une conception ruineuse. Il faut donc se hâter de retirer de l'édifice ces matériaux trompeurs; mais le vide qu'ils laissent est grand. C'est toute la *psychologie biologique* à constituer, tout l'ensemble des conditions organiques sous lesquelles se manifeste la pensée. Ainsi comprise, cette théorie appartient à la biologie ; c'est dans l'anatomie qu'elle doit être étudiée, dans la physiologie, dans la zoologie, dans l'évolution des âges, dans la pathologie. Elle n'a encore, il est vrai, au service des savants que des rudiments, étant la plus compliquée et la plus difficile des parties de la biologie ; mais ce qu'on sait vraiment et qui s'accroît tous les jours montre ce que sera un jour cette science, quand elle sera constituée et en marche. — Enfin, la plus grave des lacunes est l'omission de la psychologie, non pas la psychologie comme nous l'entendons et comme la défend Stuart Mill contre la condamnation formelle d'Auguste Comte, la psychologie de l'homme individuel, mais la psychologie de l'homme collectif, qu'il appelle « la théorie subjective de l'humanité » et qui comprend, outre l'étude des conditions formelles de la pensée, la morale et l'esthétique. Ces théories font défaut dans la philosophie positive ; elles lui sont pourtant essentielles. Elles sont le complément même de la philosophie; tant qu'elles ne sont pas constituées, une foule de notions vraiment philosophiques restent déclassées, sans liaison, sans ensemble. Mais, comme le dit M. Littré dans son langage elliptique et abstrait, « elles n'arrivent qu'à la suite du savoir objectif »; c'est à l'aide de ce savoir qu'on peut examiner, au terme de la carrière parcourue, l'instrument subjectif qui l'a parcourue et conquise; la théorie du sujet est le complément indispensable de la théorie de l'objet[1].

Voilà bien des lacunes, et très graves, signalées dans la doctrine d'Auguste Comte; mais, pas plus que lui, son disciple, qui est en même temps son critique, n'est sorti de l'ère préparatoire, l'ère des programmes. Un de ces programmes bien remplis aurait mieux servi les véritables intérêts de la science que toutes ces vagues promesses, ces sommaires anticipés du savoir futur ou ces controverses sur l'insuffisance des sommaires proposés. Entendons-nous bien. Je ne prétends pas que M. Littré n'ait pas laissé des

---

1. *Auguste Comte et la Philosophie positive*, p. 663.

œuvres considérables, quelques-unes accomplies, mais elles sont indépendantes de l'école spéciale à laquelle il avait voué ses efforts et son nom; lui aussi, il n'a laissé là, comme son maître, que des critiques très vives sur le régime métaphysique et théologique et des projets de conquêtes futures, des esquisses très générales de l'avenir scientifique tel qu'il l'imagine, des proclamations en l'honneur de l'avènement du positivisme.

Une des sciences qui, selon lui, assuraient la victoire définitive à la doctrine et sur laquelle il avait le plus compté pour conquérir les esprits rebelles, la sociologie elle-même, lui préparait plus d'une déception. Et pourtant avec quel enthousiasme il l'avait saluée ! « Le mot et la chose, disait-il avec orgueil, sont de la création de M. Comte; je suis assez vieux pour me souvenir de la superbe avec laquelle on accueillit ce terme barbare. Quoi de bon pouvait se cacher sous ce misérable néologisme? Une pareille étiquette était digne de la marchandise qu'elle annonçait. Eh bien ! tout ce grand dédain a été en pure perte; étiquette et marchandise ont trouvé faveur. Le mot s'est répandu partout et en France, et le grand mouvement scientifique que l'idée a provoqué n'est encore qu'à son début[1]. »

Sans nous inquiéter de savoir si vraiment là il y a une création aussi originale que le prétend M. Littré, et s'il est vrai que, sous des noms plus simples, l'histoire des sociétés humaines, l'étude de la vie sociale, de ses organes et de ses fonctions n'existaient pas avant le positivisme, constatons que c'est dans la certitude des lois sociologiques et dans leur accomplissement graduel qu'il plaçait le véritable critérium de la doctrine. C'est à cette science et à ses prévisions infaillibles qu'il s'adressait pour avoir raison des esprits les plus rebelles. Le conflit irréductible des convictions contraires le désolait, et il crut trouver là un remède : « Je sais fort bien que les hommes en qui je reconnaîtrai toutes sortes de supériorités ne sont aucunement touchés de ce qui, pour moi, est l'évidence ; et réciproquement, les raisons qui leur semblent décisives

---

1. *Conservation, Révolution, Positivisme*, 2ᵉ édition, *Remarques*, p. 277.

demeurent pour moi sans force et sans vertu. Quand deux personnes venant l'une d'un air très froid, l'autre d'un air très chaud, se rencontrent dans un lieu intermédiaire, l'une le trouve très chaud, l'autre le trouve froid. Entre ces deux sensations aussi vraies l'une que l'autre, qui décidera, si ce n'est l'impersonnel thermomètre? J'ai donc depuis longtemps cherché un thermomètre que je pusse, lisant les degrés, consulter sur les opinions que j'ai embrassées. » Il pensa trouver « cet impersonnel thermomètre » des idées philosophiques en cette double échelle qui montre simultanées, dans l'histoire de l'humanité, la décroissance du surnaturel et la croissance du naturel, la décroissance des notions subjectives et la croissance des notions objectives, la décroissance du droit divin et la croissance du droit populaire, la décroissance de la guerre et la croissance de l'industrie[1]. Il ne doutait pas que ce thermomètre, accomplissant sa marche, fixât le destin des opinions et atteignît ce but suprême, le jugement des conflits

---

1. *Principes de philosophie positive*, préface d'un disciple, p. 71.

humains. Mais lui-même dut sentir et sentit, en effet, vers la fin de sa vie, combien ces indications sont vagues, contestables, remplies d'illusions possibles et de contradictions réelles, combien dans chaque calcul il entre d'inconnues qui en rendent la conclusion incertaine. Je ne prendrai qu'un exemple. Qu'y a-t-il de plus évident, au point de vue sociologique, que la loi de croissance et de décroissance inverses de la guerre et de l'industrie? Eh bien! historiquement et pratiquement, rien de plus faux, et l'expérience que nous avons sous les yeux nous force à enregistrer un échec complet pour les prévisions de ce genre. Ne voyons-nous pas se développer devant nous cette antinomie étonnante du progrès de l'industrie et de la recrudescence de la guerre? M. Littré, dans une de ses *Remarques* les plus attristées, est forcé d'en convenir. Tandis que l'industrie, suivant à pas de géant le progrès des sciences, n'a cessé de s'étendre et d'augmenter le pouvoir de l'humanité sur la nature, liant les peuples par des échanges infinis et les rendant tous solidaires, en une certaine mesure, de chacun, nous forçant à considérer toute interruption de cette communauté, non seulement comme un malheur particulier, mais comme un malheur général, et devenant ainsi un grand agent de la paix dans les temps modernes, précisément et en même temps, par une contradiction étrange, jamais la guerre n'a été plus menaçante, jamais la paix n'a semblé si reculée, si compromise par les immenses armements des peuples et par l'esprit de conquête et de nationalité qui prétend tout remanier [1]. La guerre de races, les nations en armes, des armées gigantesques de quinze cent mille à deux millions d'hommes toujours prêts à se ruer les uns sur les autres et à faire passer sur la vieille Europe une trombe de fer et de feu, l'industrie elle-même au service de la force brutale et en multipliant les ressources, voilà, certes, un spectacle qui n'est pas de nature à réjouir les amis de la paix et à donner du crédit aux oracles. Il en est de même pour la plupart des prévisions de Comte en matière de politique courante. Il est difficile de se tromper plus souvent et plus

---

1. *Remarques*, p. 278.

lourdement qu'il ne le fit quand il voulut jouer au prophète, et M. Littré n'a pas manqué d'énumérer ces déconvenues avec une bonne foi qui est son honneur.

A quoi se réduit donc cette sociologie si pleine de magnifiques promesses ? A une théorie du progrès terrestre, du progrès humain. Mais les espérances de ce genre ne sont pas le monopole du positivisme. Turgot, Herder, Kant, Hegel, tous les penseurs modernes les ont conçues, chacun à sa manière, et je doute fort que le positivisme ait éclairci le problème par une série d'assertions semblables à celle-ci, à savoir que le but du progrès est de conformer l'existence sociale de l'homme à la conception positive du monde, que le progrès n'est point dans la dépendance des rois ou des peuples, qu'il se fait malgré eux et sans cesse, par la *seule force évolutive de l'histoire*, que l'art humain consiste simplement à se mettre d'accord avec cette force, ce qui réduit cette évolution à n'être plus qu'une des formes de l'universelle fatalité. La seule idée claire qui s'en dégage est une conception combinée du progrès et de la nécessité, dont l'effet le plus certain est d'alléger la responsabilité morale des individus et la responsabilité collective des peuples. — La révolution, nous dit-on encore, s'est chargée de la partie négative de cette tâche, c'est-à-dire d'éliminer les croyances et les institutions qui, après avoir joué un rôle utile dans le passé, sont impropres à être incorporées dans l'ordre à venir. Le positivisme est chargé, sur le terrain déblayé, d'organiser la société. — Encore faudrait-il définir cette organisation « de l'ordre à venir ». C'est ce que M. Littré n'a fait nulle part. Découragé par l'exemple du prodigieux avortement de la *Politique positive* et de la *Synthèse subjective*, il ne se risque pas lui-même dans les grandes aventures de l'utopie libre. Il se borne à de vagues formules. Organiser la société suivant la conception positive du monde, il ne sort guère de là. Quand il veut arriver à des précisions, il indique, comme grandes lois sociologiques, le développement ininterrompu des sciences et l'extension toujours croissante de la laïcité dans le monde moderne. Cela suffit-il pour fonder à tout jamais le bonheur de l'humanité ?

Si l'on examinait de près et dans leur ordre chronologique tous les écrits de M. Littré, on pourrait réduire à bien peu de chose son dogmatisme d'école. L'influence que la philosophie positive a exercée sur le développement de son intelligence est profonde, mais peu à peu les dogmes perdirent de leur précision dans son esprit. Le curieux *Épilogue* qu'il a tracé d'une main défaillante à la fin de son édition commentée de *Conservation, Révolution, Positivisme* peut servir à nous éclairer sur cet état intellectuel qu'on n'a pas assez remarqué jusqu'ici. Dans une lettre adressée à un Américain très au courant de notre littérature[1], Sainte-Beuve avait dit, parlant de M. Littré : « Si quelque chose manque à cette intelligence saine, vigoureuse et même robuste, ce sont les nuances, et ce manque de nuances se fait sentir jusque dans cette foi intellectuelle (qui me fait l'effet, par moments, d'une sorte de superstition et de crédulité) pour un système qui, dans ses lignes générales, ne me paraît pas si nécessairement identifié avec

---

1. M. Harisse.

ce cerveau obscur et abstrus, et trop souvent malade, qui s'appelait Auguste Comte. » M. Littré, quand plus tard il connut cette lettre, y répondit en opposant sa situation philosophique à celle de son critique : « Sainte-Beuve se refusait à toute philosophie arrêtée. Il ne voulait être qu'un libre penseur et prétendait conserver une indépendance illimitée en ce grand diocèse qui lui doit sa pittoresque dénomination... C'était ma soumission à des dogmes philosophiques déterminés qu'il blâmait, la traitant de superstition. » Et alors il profite de cette occasion solennelle, presque la dernière, pour faire sa profession de foi philosophique : « N'en déplaise à cet esprit si éminent en tant de choses et si puissant dans la critique, je reconnais le pouvoir des dogmes, et la libre pensée ne me suffit pas. » Soit ; mais en quoi se résume son *Credo* positiviste ? « La hiérarchie des sciences me convainc ; la sociologie me démontre quelques grandes lois ; et la philosophie qui résulte de cette coordination du savoir humain ne me laisse pas plus aujourd'hui qu'alors la liberté de refuser mon assentiment. » C'est tout.

Relisons ligne par ligne ce programme; nous y trouvons la célèbre classification des sciences, qui en elle-même n'est pas liée nécessairement au positivisme et peut s'en détacher sans peine[1], surtout si l'on y ajoute, comme le voulait M. Littré, l'économie politique, une théorie cérébrale, une psychologie, une esthétique et une morale. Quoi encore? Quelques lois de sociologie, mais très générales, sans certitude dans les prévisions, en raison de la complication extrême de cette science, la loi de l'évolution,

---

1. M. Littré est revenu plusieurs fois sur la théorie de la hiérarchie des sciences et de leur coordination, si chère à Auguste Comte. Il l'a exposée et défendue contre ses adversaires, dans son livre sur *Auguste Comte et le Positivisme*, dans sa Leçon à l'École polytechnique en 1871, dans la préface de *la Science au point de vue philosophique*. Il se l'est donc fortement appropriée, mais il ne s'en sert, à ma connaissance, qu'une fois, uniquement pour ranger dans un certain ordre les morceaux très divers qui composent ce dernier volume, et leur donner une sorte de cohésion apparente et d'enchaînement qu'ils n'auraient pas sans cela. C'est là une de ces théories qui ont leur intérêt spéculatif, mais qui, pour être appliquées à l'évolution historique des sciences, demandent bien des correctifs et des atténuations. En tout cas, elle peut être indifféremment acceptée ou rejetée par des philosophes ou des savants, sans que ces philosophes ou ces savants soient à aucun degré des adeptes de la doctrine positive. Elle n'est donc pas essentielle à cette doctrine.

par exemple, qui est vraie si on l'applique au passé, une loi qu'Auguste Comte a incorporée à sa doctrine, dont M. Littré a tiré un si beau parti dans ses appréciations historiques, mais qui, assurément, existait avant eux et que beaucoup de philosophes acceptent sans être positivistes à aucun degré. — Quoi enfin ? « La philosophie qui résulte de la coordination du savoir humain, » c'est-à-dire, sous un terme plus clair, la conception positive du monde. Cela seul est d'essence positiviste. Mais qu'est-ce que cette conception ? Nous n'étonnerons aucun de ceux qui sont au courant de ces questions en disant que c'est moins un dogme qu'une négation. Elle s'oppose, nous dit-on, à deux autres conceptions, la conception théologique, d'après laquelle l'homme imagine, dans la création et le gouvernement du monde, des volontés dont il fait des dieux, ou une volonté dont il fait un dieu unique, et la conception métaphysique d'après laquelle l'homme supprime des volontés arbitraires et les remplace par des entités, des forces, des causes permanentes. La conception positive du monde n'imagine et ne suppose rien ; elle traduit ce qui est sous ses yeux et ce qui se révèle à l'observation sensible, un monde de phénomènes unis par des relations constantes, un monde où règnent non plus des volontés ni des causes mystérieuses, mais des lois; un monde d'où sont bannis, avec les dieux des vieilles théologies, l'absolu et l'infini de l'ancienne métaphysique; un monde où tout émanant de l'expérience retourne à l'expérience, où le savoir n'est que l'expression exacte de ce que l'expérience y a mis, où il est admis qu'aucune réalité ne peut être établie ni par l'intuition, ni par le raisonnement, que rien ne peut être deviné, que tout ce qui n'est pas observable est comme s'il n'existait pas. — Qu'y a-t-il là autre chose que le rejet hors de la philosophie de tout ce qui n'est pas un phénomène sensible ou une loi? Et quand on nous dit que désormais il n'y aura plus de conflit possible entre la philosophie et la science positives, vraiment le contraire serait bien étrange, puisqu'on ne met dans la philosophie que précisément ce qu'il y a dans cette science. La philosophie n'est plus, dans son contenu et dans sa méthode, que la généralisation la plus haute des sciences particulières;

elle n'a plus rien qui lui soit propre ; elle n'est plus que « la coordination du savoir positif ». C'est la science positive, plus une négation. Il est vrai que cette négation n'est pas une négation absolue ; on ne nie pas qu'il y ait un infini, un absolu, une cause première ; on l'ignore et l'on veut l'ignorer ; hors des matières de l'expérience sensible, ce qui se passe ne nous regarde plus ; on s'abstient même d'y penser, on n'en sait rien et l'on se fait gloire de n'en rien savoir. Telle est la conception du monde que M. Littré a tirée de l'immense appareil érudit et dialectique déployé par Auguste Comte. Cette conception est le dernier résidu de sa pensée ; elle est aussi la vraie conclusion de tout le mouvement positiviste, la dernière unité subsistante entre les différents groupes de penseurs qui, à un degré quelconque, prétendent relever du positivisme.

Parmi eux, en France, il faut citer en première ligne les adeptes fidèles qui ont suivi Auguste Comte jusqu'au bout, tels que le docteur Robinet et M. Laffitte, et, d'autre part, ceux qui ont accompagné M. Littré dans son schisme antithéologique, tels que M. Wyrouboff et le docteur Charles Robin. L'église orthodoxe compte à Paris quelques centaines d'adhérents, tout au plus; quelques groupes existent aussi en province; on en signale en Suède et dans certaines contrées de l'Allemagne du Sud. En Angleterre, il faut faire la même distinction qu'en France, selon que les positivistes ont suivi Comte dans la dernière évolution de sa pensée (*later Comtism*) et qu'ils acceptent son système complet, philosophique, social et religieux, ou qu'ils se refusent à le suivre dans sa transformation et s'attachent exclusivement au *Cours de philosophie positive* (*earlier Comtism*). Miss Harriet Martineau, la chère disciple, Richard Congrève, qui depuis a fait une évolution dans le sens piétiste, et le docteur Bridges ont été d'abord les grands fidèles. Le docteur Bridges, notamment, a maintenu avec beaucoup de vivacité, dans une polémique qui a eu son heure en Angleterre, l'unité indissoluble de la doctrine d'Auguste Comte, prenant à partie Stuart Mill, qui prétendait faire dans cette doctrine deux parts indépendantes l'une de l'autre, « l'une renfermant de grandes vérités avec un petit nombre d'erreurs, l'autre où quelques suggestions heureuses surnagent au milieu d'un véritable chaos d'incohérences. » Mais Stuart Mill lui-même et un grand nombre de penseurs anglais, quelques-uns de premier ordre, MM. Bain, Bailey, Lewes, Herbert Spencer, ont reçu fortement l'empreinte de l'idée positiviste, au moins au commencement de leur carrière philosophique. Ceux-là se sont dégagés très librement de cette influence dans ce qu'elle avait d'étroit et de trop particulier. Aucun pourtant ne désavouerait, j'en suis sûr, l'influence d'origine. — A côté de ces positivistes de la première ou de la deuxième heure, en France et en Angleterre, il faut marquer la place d'une multitude flottante et toujours croissante de positivistes d'intention et de fait, hommes de science, politiques, hommes du monde, qui, sans avoir approfondi la doctrine, se sont ralliés à ces deux propositions qu'ils ont nettement saisies à travers les complications et les obscurités de détail et où d'ailleurs se résume la philosophie de l'école : exclure la métaphysique et réduire la connaissance à la science positive, qui doit suffire à tout, étant la seule qui puisse donner de srésultats vérifiables et se placer en dehors des erreurs possibles et des contradictions.

II

Nous avons dit que la conception nouvelle du monde, qui est la seule unité et le seul lien des différents groupes entre lesquels se divise l'école, la conception positive est une négation : nous aurions dû dire qu'elle est une double négation, la résultante de deux éliminations successives. Elle est d'abord l'exclusion et par là même la négation de l'idée religieuse et de la métaphysique; mais elle est aussi bien, dans les programmes officiels, l'exclusion et par là même la négation du matérialisme et de l'athéisme.

Je sais bien que M. Littré prétend ne rien nier théoriquement; il se montre très ferme, chaque fois qu'il trace un programme, dans cette résolution de se tenir à égale distance des affirmations contraires, de ne dogmatiser ni pour ni contre les réalités invisibles, ni pour ni contre l'essence des choses, de ne rien voir ni savoir au delà des faits constatés et des lois démontrées, de se maintenir dans l'ordre des phénomènes physiques, seuls capables du caractère de positivité que réclame la doctrine. Son dogme constant, quand il dogmatise, est de ne rien affirmer, de ne rien nier au delà de cette sphère que mesure strictement l'expérience sensible. Ses aphorismes à cet égard sont catégoriques, multipliés. Une des dernières pages qu'il ait écrites[1] mérite d'être citée pour la précision et la fermeté de ses déclarations. « Ne connaissant ni l'origine ni la fin des choses, il n'y a pas lieu pour nous de nier qu'il y ait quelque chose au delà de cette origine et de cette fin (ceci est contre les matérialistes et les athées), pas plus qu'il n'y a lieu d'affirmer (ceci est contre les spiritualistes, les métaphysiciens et les théologiens)... La doctrine positive réserve la question suprême d'une intelligence divine, en ce sens qu'elle reconnaît être dans une ignorance absolue, comme, du reste, les sciences particulières qui sont ses affluents, de

1. *Transrationalisme.* (*Revue de philosophie positive*, janvier 1880.)

l'origine et de la fin des choses, ce qui implique nécessairement que, si elle ne nie pas une intelligence divine, elle ne l'affirme pas, demeurant parfaitement neutre entre la négation et l'affirmation, qui, au point où nous en sommes, se valent. Il va sans dire qu'elle exclut le matérialisme, qui est une explication de ce que nul ne peut expliquer. Elle ne cache pas non plus ce que le naturalisme a d'exorbitant ; car elle dit comme M. de Maistre, en parlant de la Nature : « Quelle est cette femme ? » Si la Nature représente l'ensemble des choses à nous connues, tant mieux ; cette connaissance est, comme ces choses, relative, expérimentale, et laisse en dehors les régions de ce que nous appelons l'*inconnaissable*, et dont nous nous reculons, justement à cause de ce nom qu'elles portent. Si, au contraire, la Nature représente un pouvoir infini, auteur et *arrangeur* de l'univers, tant pis ; nul savoir positif ne rencontre au bout de ses recherches ce pouvoir, qui, dès lors, doit être rigoureusement passé sous silence. Expérimentalement, nous ne savons rien sur l'éternité de la matière ni sur l'hypothèse Dieu. Sur quel fon-

dement déclare-t-on la matière éternelle? Sur ce que nous ne la voyons jamais ni croître, ni décroître, ni naître, ni périr? Mais ce qui est un dogme assuré dans les limites du connaissable, ne le dépasse pas et ne vaut pas plus que toute autre expérience ; c'est-à-dire que l'expérience ne nous apprend rien sur l'origine ni la fin du temps. Nous ne savons donc pas si le monde est illimité dans le temps, pas plus que nous ne savons s'il est limité dans l'espace, ni réciproquement s'il est illimité dans l'espace et limité dans le temps. »
— Et de même certains philosophes ont tort de reprocher à Laplace « l'insolence » qu'il se permettait en bannissant Dieu de l'explication du monde comme une hypothèse inutile. *Insolence*, dit M. Littré, n'est pas du style philosophique. S'il y a une insolence de la part de celui qui nie, il y en a aussi de la part de celui qui affirme, et la philosophie positive renvoie les deux plaideurs dos à dos. Eux-mêmes, ces philosophes, ces métaphysiciens, quand ils parlent d'un principe supérieur d'ordre, d'harmonie, d'unité, n'avouent-ils pas que ce principe, Dieu en d'autres termes, échappe à toute perception sen-

sible, à toute investigation scientifique? Ce qui échappe à toute perception sensible, à toute investigation scientifique, qu'est-ce autre chose qu'une hypothèse sur laquelle les opinions sont libres sans insolence[1]? — Et ailleurs, résumant dans les plus fortes expressions toute sa doctrine à cet égard : « On ne doit pas, répond-il à M. Stuart Mill qui lui paraît avoir enfreint cette loi essentielle, on ne doit pas considérer le *philosopher* positif comme si, traitant des causes secondes, il laissait libre de penser ce que l'on veut des choses premières. Non, il ne laisse là-dessus aucune liberté ; il déclare les causes premières inconnues, inconnaissables. Les déclarer inconnaissables, ce n'est ni les affirmer, ni les nier. L'absence d'affirmation et l'absence de négation sont indivisibles, et l'on ne peut arbitrairement répudier l'absence d'affirmation pour s'attacher à l'absence de négation. On ne peut servir deux maîtres à la fois, le relatif et l'absolu. Concevoir une certaine connaissance là où l'on ne peut mettre rigoureusement que l'in-

---

1. *Transrationalisme.* (*Revue de philosophie positive*, janvier 1880, p. 42.)

connu, c'est non pas concilier, mais juxtaposer les incompatibilités. »

Voilà des déclarations bien nettes. Mais ici se pose une grave question : cet état idéal d'équilibre est-il possible? L'esprit humain peut-il s'y tenir longtemps, autrement que par un effort systématique qui ne peut être que momentané? N'oscillera-t-il pas nécessairement à droite ou à gauche, d'un côté ou de l'autre des deux affirmations opposées, ce qui prouverait au moins que cet état suspensif est contraire à la nature humaine, à l'essence même et aux conditions de l'esprit? Nous venons de voir exposé devant nous le programme d'une neutralité obligatoire, aussi formel que possible, sur les causes et les origines du monde. Dans la pratique M. Littré y est-il fidèle? Les autres positivistes y sont-ils plus fidèles que lui? En philosophie d'ailleurs, comme en politique, jamais programme de neutralité fut-il scrupuleusement observé? A moins d'être résolument sceptique, il est bien malaisé de se tenir dans un milieu chimérique et de se conserver longtemps dans cet équilibre instable. Ce sont là des situations à peu près impossibles, rêvées souvent, rarement maintenues. Et il arrive presque toujours que, si les neutralités de ce genre penchent d'un côté, c'est plutôt vers la négation que vers l'affirmation. Faut-il s'en étonner? A prendre les choses dans leur liaison naturelle et l'esprit humain dans sa logique, il n'en peut être autrement. La raison cède, sans bien s'en rendre compte elle-même, à cet attrait des grands problèmes, d'autant plus irritants qu'ils lui sont défendus, et instinctivement, dans de pareilles circonstances d'esprit, elle incline à les résoudre dans un sens ou dans un autre, dans un sens plutôt que dans un autre, plus volontiers dans le sens de la négation. Car déjà dans l'acte primordial, dans l'acte par lequel on écarte comme inaccessible ce genre de problèmes, il y a un effort hostile par lequel on essaye de dominer et de refouler les instincts métaphysiques ou religieux de l'humanité. En se croyant neutre, on prend parti, cette neutralité ne s'obtenant qu'au prix d'une certaine contrainte exercée par l'esprit sur lui-même[1].

1. Nous avons déjà touché ce point dans le livre intitulé : *le Matérialisme et la Science*, chap. III.

Tel est le cas de M. Littré. Quand il rompt cet équilibre idéal dans lequel il espère en vain se maintenir, ce n'est pas au profit des spiritualistes et des métaphysiciens, c'est à leurs dépens et au profit de leurs adversaires. En faut-il des preuves? Elles abondent sous la main qui parcourt au hasard les écrits philosophiques de M. Littré. Il y aurait quelque puérilité à faire, en pareille matière, une guerre assez misérable de textes; il faut bien en citer cependant quelques-uns pour mettre hors de toute contestation possible une assertion aussi grave. Voici, par exemple, ce que nous lisons dans les *Paroles de philosophie positive* : « L'univers nous apparaît présentement comme un ensemble ayant ses causes en lui-même, causes que nous nommons des lois. L'*immanence*, c'est la science expliquant l'*univers* par des causes qui sont en lui... L'immanence est directement infinie; car, laissant les types et les figures, elle nous met sans intermédiaire en rapport avec les éternels moteurs d'un univers illimité, et découvre à la pensée stupéfaite et ravie les mondes portés sur l'abîme de l'espace et la vie portée sur l'abîme du temps[1]. » Il paraît bien qu'il y a là une doctrine fort explicite. On oppose à l'idée de la transcendance celle de l'immanence qui explique l'univers par des causes qu'il porte en lui-même, qui soutient qu'il a en lui son principe et sa raison d'être, sa nécessité et son éternité. C'est là une affirmation qui dépasse singulièrement « la sphère des faits vérifiables et des lois démontrées ».

S'il s'agit non plus de l'origine du monde, mais de la nature de l'âme, M. Littré ne garde pas davantage, en pratique, la neutralité qu'il recommande si vivement dans ses programmes. L'âme, pour un positiviste conséquent, devrait être un x pur, une inconnue, la cause inconnaissable des phénomènes de pensée, de sentiment et de volonté, soit que cette cause se résolve dans l'organisme, soit qu'elle constitue un principe distinct et supérieur. Il n'est guère douteux cependant que M. Littré prenne parti contre l'âme en tant qu'âme et qu'il la réduise à n'être qu'une fonction du système nerveux. Il

---

1. Page 34.

accorde volontiers son patronage, l'honneur public de son nom et d'une préface à des livres tels que celui de M. Leblais, *Matérialisme et Spiritualisme*, où l'une des deux doctrines est fort maltraitée au profit de l'autre ; ce qui montre bien que la neutralité diplomatique des positivistes cache un traité secret d'alliance avec les adversaires du spiritualisme, qui est l'ennemi commun, et qu'il y aurait quelque naïveté à s'imaginer que, dans la grande mêlée des doctrines, leurs préférences ou leurs vœux soient équivoques. — Dans la préface qu'il a mise au-devant du livre de M. Leblais, M. Littré soutient que la pensée est à la substance nerveuse ce que la pesanteur est à la matière, c'est-à-dire un phénomène irréductible qui, dans l'état actuel de nos connaissances, est à soi-même sa propre explication. « De même que le physicien reconnaît que la matière pèse, le physiologiste constate que la substance nerveuse pense, sans que ni l'un ni l'autre aient la prétention d'expliquer pourquoi l'une pèse et pourquoi l'autre pense. » De pareilles propositions, assurément, ne seraient désavouées ni par

M. Moleschott, ni par M. Carl Vogt. Toutes les fois qu'il s'agit de l'âme, visiblement M. Littré incline vers les doctrines du psychochimisme. Il combat quelque part une proposition fort innocente de M. Cournot, disant « que l'homme n'a conçu l'âme que pour se rendre compte de sa propre nature, de ses facultés supérieures, de faits de conscience qui n'ont rien de commun avec ceux que le physiologiste étudie scientifiquement. » — M. Littré proteste contre cette thèse d'un semi-spiritualisme qui l'inquiète : « En fait d'études psychiques, je suis du côté des physiologistes, déclare-t-il, et non du côté des psychologistes. Je ferai toutes les concessions qu'on voudra sur les ténèbres qui enveloppent encore certains phénomènes psychiques ; mais il n'en est pas moins certain que tous les faits de conscience se passent dans le cerveau, qu'ils n'existent pas sans cerveau, qu'ils sont abolis quand le cerveau éprouve une lésion destructive, et que le cerveau appartient à la physiologie. Séparer l'organe et la fonction est aujourd'hui une impossibilité doctrinale[1]. » Je n'examine

---

1. *Revue de philosophie positive*, janvier 1880, p. 45.

pas ici le fond de la question ; je marque seulement la nuance de la doctrine exprimée, et sur cette nuance le doute n'est pas possible. Là encore la neutralité est toute platonique et imaginaire.

Mais, tandis que la plupart des positivistes inclinent, sous la pression secrète de la doctrine, vers le naturalisme pur et simple, d'autres se redressent par un élan inattendu et semblent, en dépit de leur pacte avec l'expérience sensible, céder à je ne sais quel appel irrésistible de l'au-delà, franchir par de vives intuitions la frontière interdite et porter leur pensée dans les régions où se cachent les causes inconnues. C'est un mouvement inverse de celui que je viens de décrire, mouvement très curieux aussi et qui prouve, par cette nouvelle et plus étonnante contradiction, combien le positivisme a de peine à se maintenir dans son ancien programme d'abstention complète, comme il lui est malaisé de rester indécis et suspendu entre l'affirmation et la négation sur les premières causes et par quelle logique inévitable il obéit à ce dilemme qui lui impose ou de fermer l'inconnu et de mettre l'infini dans la nature, ou de montrer aux limites de l'univers la réalité illimitée, la puissance infinie et d'éveiller ainsi dans l'esprit humain des curiosités indomptables.

Pour montrer les irrésistibles tentations de ce retour vers les domaines interdits par la science positive, nous n'avons qu'à rappeler l'exemple de M. Comte, dans la seconde période de sa vie philosophique, aboutissant à une sorte de mysticisme humanitaire. Après ces déclarations superbes contre toute théologie et toute métaphysique, il revient à une théologie, et à laquelle ! Nous l'avons retrouvé, à la fin de sa carrière, croyant à des volontés, lui qui n'avait cru jusqu'ici qu'à des lois, écrivant en style d'oracle ce vers qui est en contresens avec toute la philosophie positive :

Pour compléter les lois, il faut des volontés,

marquant dans l'amour la finalité universelle, fondant enfin la religion de l'humanité. Quelle éclatante démonstration de ce fait psychologique si justement signalé par un penseur contemporain : « Telle est la vertu des instincts métaphysiques que, si l'on chasse la métaphysique du domaine de la croyance par la porte de la science, elle revient bien vite par celle de la poésie et du mysticisme! »

M. Littré lui-même, enfermé volontairement dans la sphère positive et même inclinant, par une préférence sensible, du côté du mécanisme, semble parfois subir l'attrait des régions mystérieuses. Lisons cette page singulière qui, malgré la dureté laborieuse de style, reçoit de l'idée qu'elle exprime un reflet d'austère beauté : « Ce qui est au delà des faits et des lois, soit, matériellement, le fond de l'espace sans borne, soit, intellectuellement, l'enchaînement des causes sans terme, est absolument inaccessible à l'esprit humain. Mais inaccessible ne veut pas dire nul ou non existant. L'immensité, tant matérielle qu'intellectuelle, tient par un lien étroit à nos connaissances et devient par cette alliance une idée positive et du même ordre; je veux dire que, en les touchant et en les bordant, cette immensité apparaît sous son double caractère, la réalité et l'inaccessibilité. C'est un océan qui vient battre notre rive et pour lequel nous n'avons ni barque ni voile, mais dont la claire vision est aussi salutaire que formidable[1]. » Que de réflexions pourrait susciter en nous cette réalité affirmée d'un infini « qui touche et qui borde de tous les côtés nos connaissances », et aussi sur cette vision salutaire et formidable qui nous attire et nous écrase ! — M. Stuart Mill, lui aussi, a eu cette vision. Il entrevoit « des fissures à ce mur qui nous enferme », à travers lesquelles perce un rayon de cette lumière qui éclaire un dehors inconnu. Il entreprend même de montrer que, tout en s'appropriant la philosophie positive, on peut se figurer dans l'inconnaissable un dieu qui gouverne le monde. « Quant à moi, dit M. Littré, je ne m'aventure pas si loin. J'accepte les graves leçons qui émanent de l'inconnaissable. Il s'oppose directement à ces tendances téméraires, et il s'y oppose sans plus ample informé, sans discussion et par sa seule présence. Il me suffit de le contempler sur le trône de sa sombre grandeur pour me dégager de tous les dogmatismes[2]. » Cela ne peut suffire à tout le

---

1. *Auguste Comte et la Philosophie positive*, p. 505.
2. *Revue de philosophie positive*, janvier 1880, p. 49.

monde ; en face de pareilles visions, se dégager complètement n'est pas facile.

Personne, parmi les penseurs plus ou moins directement issus du positivisme, n'a plus vaillamment accepté la nécessité de ce concept de l'inconnaissable et des conséquences qu'il implique, personne n'en a plus clairement et résolument dégagé le sens véritable et la portée que ce vaste et puissant esprit, M. Herbert Spencer. Mais c'est en même temps la destruction logique du positivisme. En voici l'exact résumé : Les arguments à l'aide desquels on démontre que l'absolu est inconnaissable expriment imparfaitement la vérité ; ils l'expriment uniquement sous le côté logique ; sous le côté psychologique, c'est différent. Toutes les propositions de ce genre omettent ou plutôt excluent un fait de la plus haute importance. A côté de la conscience définie dont la logique formule les lois, il y a une conscience indéfinie qui ne peut être formulée. Il y a tout un ordre de pensées, réelles quoique indéfinissables, qui sont des affections normales de l'intelligence. On dit que nous ne pouvons connaître l'absolu ; mais dire que nous ne pouvons le connaître, c'est affirmer implicitement qu'il y en a un. Quand nous nions que nous ayons le pouvoir de connaître l'essence de l'absolu, nous en admettons tacitement l'existence, et ce seul fait prouve que l'absolu a été présent à l'esprit, *non pas en tant que rien, mais en tant que quelque chose...* Un sentiment toujours présent d'existence réelle et substantielle fait la base même de notre intelligence. Le relatif est inconcevable s'il n'est pas en relation avec un absolu réel; autrement ce relatif deviendrait absolu lui-même et acculerait l'argument à une contradiction... En examinant l'opération de la pensée dans ses conditions et dans ses lois, nous voyons également comment il nous est impossible de nous défaire de la conscience d'une réalité cachée derrière les apparences, et comment de cette impossibilité résulte notre indestructible croyance à cette réalité [1].

Dans ce ferme réalisme opposé à la philosophie dissolvante du phénoménisme universel, dans cette impossibilité de concevoir le relatif

---

1. *Premiers principes*, chap. ɪᴠ, p. 93-103.

sans relation avec un absolu réel, ne croirait-on pas entendre comme un écho lointain, mais puissant encore, de la célèbre théorie de Descartes sur le nécessaire que le contingent suppose, sur l'infini que réclame le fini comme dernier terme et comme suprême appui des existences, comme la réalité dernière à laquelle sont suspendues la chaîne des idées et celle des mondes? Il est curieux que ce soit le philosophe le plus hardi de l'école expérimentale qui établisse si clairement cette double impossibilité, l'impossibilité logique du relatif tout seul, s'il n'est pas en relation avec un absolu réel, et l'impossibilité psychologique où nous sommes de nous défaire de l'idée de la substance, du *noumène* de Kant, nommé partout comme antithèse du *phénomène*, pensé partout et nécessairement comme le principe de l'être et de la raison. Ce retour à la métaphysique était inévitable du moment qu'on laissait subsister, aux dernières limites du savoir positif, un mystérieux au-delà, soit l'immensité vaguement montrée par M. Littré, au bord de laquelle il s'efforce en vain de retenir l'esprit humain, soit cette région de l'inconnaissable où Stuart Mill et Herbert Spencer placent le principe anonyme des choses, la source inépuisable de la force. En vain on déclare ce principe à la fois réel et inaccessible. Dès qu'on le proclame réel, c'est qu'on le connaît de quelque façon, et dès qu'on le conçoit, comment empêcher la pensée de s'élancer vers lui, dût-elle se briser contre « le mur infranchissable » que Stuart Mill nous a signalé, ou faire naufrage dans cet abîme que M. Littré nous interdit, soit le vide infini qui se creuse à la limite de toute science, soit « cet océan qui vient battre notre rive et pour lequel nous n'avons ni barque ni voile »?

Il n'y a qu'une manière de supprimer ces tentations, ces troubles toujours renaissants de l'esprit, et d'exorciser définitivement ce spectre de l'absolu qui vient nous hanter sans cesse, c'est de nier résolument. On ne peut vraiment interdire à la pensée la recherche des causes premières qu'en déclarant qu'il n'y en a pas. Mais c'est alors une autre sorte de métaphysique, une métaphysique renversée. Nier toute cause première, c'est encore un dogme, quoique négatif, et c'est ce que la philosophie de Comte et l'esprit primitif de son école ne voulaient pas admettre. Qu'arriva-t-il? Dès la seconde génération de cette école, un grand nombre de positivistes ont pris le parti de sortir d'un état de suspension chimérique et impossible, pour se ranger à la négation pure et simple, et, voulant échapper à tout soupçon et à tout péril d'idéalisme, ils se sont placés sous les lois plus claires de Büchner et de Moleschott. Il y a eu sur ce point-là une rencontre inévitable et une alliance entre le positivisme simplifié et le matérialisme scientifique; cette alliance dure encore et même semble se consolider. Les raffinés du positivisme suspensif se font plus rares de jour en jour. — Et qu'on ne s'imagine pas que nous ayons voulu nous donner simplement le plaisir puéril de mettre une école puissante en contradiction avec elle-même en montrant cette double et contraire tendance à laquelle obéissent simultanément ses représentants principaux, les uns remontant, par l'essor de la pensée transcendante, vers la source supérieure de toute substance et de toute force, les autres retournant vers l'immanence qui ferme cette source et ramène toutes les causes possibles dans le sein de la matière éternelle. Assurément non. Nous avons étalé le spectacle instructif de cette opposition de tendances issues de la même école pour montrer, par un éclatant exemple, que l'esprit humain est de telle nature qu'on ne peut l'empêcher, quoi qu'on fasse, de dogmatiser sur l'essence des choses; que la philosophie positive poursuivait une chimère quand elle posait son fameux principe « de l'absence indivisible d'affirmation et de négation »; que pas un seul des représentants les plus connus de cette philosophie ne s'est montré fidèle à ce programme; que tous enfin ont affirmé ou nié quelque chose au delà des faits sensibles et des lois, les uns en montrant les problèmes inaccessibles suspendus devant l'esprit et l'attirant de plus en plus, les autres en les supprimant et déclarant tout simplement que la croyance à ces problèmes était la dernière superstition de l'esprit humain. Dans les deux cas, il y a eu infraction évidente au programme primitif de l'école, et ce fait constant, où se révèle une loi de la pensée, méritait assurément d'être signalé, quelle que soit d'ailleurs la conclusion que l'on doive en tirer.

III

Les formes du scepticisme varient selon les natures d'esprit et selon les temps. Ce n'est que pour de grandes âmes, rares à toutes les époques et ravagées par la pensée intérieure, qu'il peut être question d'un doute comme celui de Pascal, qui n'est que la recherche ardente des vérités supérieures et le désespoir de ne pouvoir leur donner l'évidence de la géométrie. Il ne peut s'agir non plus, sauf pour quelques dilettantes, du doute érudit, élégant, épicurien à la façon de Montaigne, et pas davantage de la critique savante, hérissée d'abstractions et de formules, de Kant, sauf pour les philosophes de profession, les seuls qui puissent être sensibles aux troubles de l'idéalisme subjectif. Le positivisme s'offrait tout naturellement à un grand nombre d'intelligences de ce temps, les unes détestant et méprisant d'instinct la métaphysique qu'elles ne connaissent pas, les autres fatiguées des discussions éternelles et inutiles. Elles ont trouvé dans cette philosophie la forme prédestinée et populaire du scepticisme dans un temps comme le nôtre, témoin du progrès des sciences, de leurs fécondes applications, de la constance et de la régularité de leurs résultats. C'est un scepticisme limité. A vrai dire, il n'y a plus guère de scepticisme absolu possible; les expériences répétées, la prévision infaillible des phénomènes astronomiques, les vérifications toujours possibles de certains autres, la précision du calcul empêchent, pratiquement au moins, le doute dans l'ordre des faits physiques et sensibles. Ce nouveau scepticisme, conforme aux instincts scientifiques aussi bien qu'à certaines préventions de notre âge, n'est donc un scepticisme qu'à l'égard des objets métaphysiques; pour tout le reste, c'est un dogmatisme étroit, il croit aux faits physiques et à la relation constante des faits, il croit aussi, sans nettement la définir, à la nature, à sa nécessité et à son éternité.

A tous ces titres, une partie de la génération contemporaine a cru reconnaître son image dans la philosophie positive et lui a donné d'emblée sa confiance.

Une autre raison s'ajoute à celles que nous venons d'indiquer ; elle se tire des circonstances politiques et sociales où nous sommes engagés, et particulièrement de la lutte toujours plus vive et plus aiguë entre l'État laïque et les croyances théologiques. M. Littré avait bien senti les avantages que cette polémique ardente devait donner à la doctrine qu'il représentait ; il comprenait à merveille que la société laïque, obligée d'opposer un dogme à un autre, n'hésiterait pas à prendre la doctrine positive pour l'opposer soit aux théologies que cette doctrine détruit radicalement, soit aux diverses métaphysiques qui, en maintenant l'absolu, laissaient le retour ouvert aux conceptions religieuses et devaient être suspectes pour le gros du public, de connivence avec « l'ennemi commun ». Il n'a pas dû être surpris de la prédilection que certains partis et quelques hommes politiques devaient marquer, dans des occasions solennelles, en faveur d'Auguste Comte, et de la tendance qu'ils ont à faire de ce nom un symbole et un drapeau, oubliant trop aisément que le célèbre chef de l'école n'était rien moins qu'un homme de liberté et qu'il n'avait aspiré toute sa vie qu'à établir sous des formes diverses la dictature spirituelle dont il s'était investi lui-même dans un rêve ardent et tenace. — Nous avons vu, dans le précédent chapitre, avec quel sentiment élevé de justice M. Littré repoussait, dans la lutte engagée, toute intervention de la loi préventive, tout appel à la violence. Mais il n'en était pas moins fier des progrès « du moderne État laïque »; il les opposait à la décroissance continue « de l'ancien État théologique ». Il faudra, disait-il, dans une page qui est un cri de triomphe, que nos adversaires soient bien habiles, plus habiles qu'ils n'ont été, pour retenir ou reconquérir l'immense terrain qu'ils ont perdu, alors que toutes les positions étaient entre leurs mains. L'incrédulité qui a pénétré dans tous les rangs de la société, aussi bien en haut qu'en bas, et peut-être même, aujourd'hui du moins, plus en bas qu'en haut, a mis hors de l'église, et si je puis ainsi parler, *sur le pavé spirituel*, un grand nombre de personnes qui n'ont plus, pour se diriger en morale et en politique, que des idées révolutionnaires et métaphysiques. Cela ne suffit plus ; il s'en faut beaucoup. La philosophie positive leur offre un refuge où ils sont à l'abri de tout retour offensif des doctrines théologiques, où ils acquièrent la *foi scientifique*, et où ils trouvent une ample carrière à leur activité sociale [1].

C'est à ces influences combinées qu'il faut attribuer le triomphe apparent de cette philosophie. Mais, en adoptant le nom du positivisme comme un mot d'ordre, la plupart de ceux qui s'y rallient ont singulièrement simplifié la doctrine. Ils l'ont réduite à cette question qui me paraît être la suprême transformation qu'elle doit subir, et qui, sous cette forme renouvelée et plus saisissante pour la masse des esprits, pourrait bien être la question la plus grave de ce temps : « La science (et par là il faut entendre, dans les habitudes du langage nouveau, la science positive) ne suffit-elle pas à donner à l'homme tout ce qui lui est nécessaire aussi bien dans

---

[1]. *Remarques*, p. 312.

l'ordre idéal que dans l'ordre industriel et physique? Qu'avons-nous besoin d'autre chose? Et à quoi bon nous troubler l'esprit de vains reflets et de lueurs trompeuses quand nous avons là, sous la main et sous les yeux, la source inépuisable des clartés qui ne trompent pas, l'expérience sensible et le contrôle indiscutable dans la vérification des faits? Le principe de toute certitude et le critérium de toute évidence, tout est là. Que voulons-nous de plus? »

Vraiment, cela suffit-il? Peut-on croire, en effet, que la science positive satisfasse toutes les aspirations de cette noble ambitieuse, la pensée humaine? Quel domaine limité, étroitement mesuré, impossible à maintenir dans ses strictes limites, que celui de l'expérience positive! A chaque instant, M. Littré laisse échapper de son cœur de savant comme un regret de ces lacunes et de ces insuffisances. Au terme de ses recherches sur les hypothèses de la cosmogonie, il avoue que la cosmogonie positive entend seulement exposer la liaison de quelques phases d'évolution, mais qu'elle renonce délibérément à rien expliquer au delà; elle n'a même pas le droit d'accepter, quoi qu'on en ait dit, des hypothèses comme celle du transformisme, « bien qu'à ses yeux cette théorie demeure éminemment recommandable[1] ». Il arrive qu'après avoir exposé tous les problèmes de la science de la nature, après avoir parcouru tous ces hauts sommets auxquels aspire le savoir humain, le savant s'écrie, au moment où il s'arrête, fatigué et mécontent : « Ce n'est pas avec l'impression d'une orgueilleuse satisfaction que j'ai voulu laisser mon lecteur. J'ai exposé les hypothèses relatives à l'univers, au monde, à la terre, aux espèces vivantes. Rien n'est plus propre à faire toucher à l'esprit humain les bornes qui le renferment. Dès qu'il tente de parvenir à ce qu'exprime le mot ambitieux de cosmogonie, il franchit, les uns après les autres, maints degrés prodigieux; mais, quelque vaste espace qu'il parcoure ainsi, quelque immensité qu'il traverse, d'autres immensités s'ouvrent à perte de vue, et il revient résigné à ignorer. »

Ces grandes hypothèses elles-mêmes ne sont-

---

1. *La Science au point de vue philosophique*, p. 559 et préface.

elles pas en contradiction avec la méthode de l'école, qui, dans sa rigueur, ne doit admettre comme faits positifs que les faits vérifiés, et, par conséquent, ne devrait rechercher que ceux qui sont vérifiables ? Le mot d'*hypothèses positives* employé par M. Littré est un mot peu rassurant pour l'orthodoxie de l'école, puisque ces hypothèses peuvent gagner ou perdre en consistance à mesure que se révèlent des faits nouveaux qui leur sont favorables ou contraires et que, dès lors, elles n'ont à aucun degré le caractère de positivité. Qui ne voit combien de problèmes, même dans l'ordre physique et physiologique, échapperont éternellement aux prises de cette doctrine, comme ceux qui ont pour objet la nature intime de la matière et de la force, l'origine du mouvement, l'origine de la vie, l'origine de la sensation ? M. Littré répond en effet : « C'est là déjà que commence le domaine des choses qui ne peuvent pas être connues. Or, sur tout cela, je professe de ne rien nier et de ne rien affirmer ; je ne connais pas l'inconnaissable, j'en constate seulement l'existence ; là est la philosophie suprême : aller plus loin est chimérique, aller moins loin est déserter notre destinée. » Mais alors il devrait être interdit même de chercher dans ces voies hasardeuses et sublimes. Et qui ne voit pourtant quelle diminution on ferait subir à l'esprit humain (*diminutio capitis*) si on lui imposait la loi de se borner à la sphère des faits vérifiables et des lois démontrables? Il semble, dès lors, qu'il devrait renoncer à toutes ces conjectures hardies qui sont la plus haute expression et l'honneur de la pensée, aux limites de la science positive qu'elles dépassent de toutes parts et qu'elles agrandissent sans fin en lui ouvrant des horizons illimités.

Mais c'est surtout dans les recherches qui concernent les phénomènes de l'esprit, l'esprit lui-même et ses lois, qu'éclate cette radicale impuissance. Je ne prendrai que deux exemples, me réduisant à de simples indications. Chacun de ces points réclamerait une étude particulière, et cette étude irait à l'infini. La constitution de la psychologie et l'établissement de la morale trouvent la science positive tout à fait au dépourvu. Par aucun expédient de logique on ne peut obtenir d'elle rien qui puisse nous aider à étudier d'une manière satisfaisante ces deux problèmes. Si elle voulait être conséquente avec elle-même, elle les écarterait tout simplement. M. Littré s'est essayé plusieurs fois à les résoudre; il y a complètement échoué. Certes, ce n'est pas lui que nous accusons, c'est l'instrument insuffisant qu'il emploie, c'est la méthode trop étroite dans laquelle il s'enferme par système, avec une sorte d'obstination invincible et d'avance condamnée à rester stérile.

La psychologie d'abord. M. Littré avait autrefois admis le mot et même, comme nous l'avons montré ailleurs, il avait réclamé la chose dans son ouvrage sur Auguste Comte. Plus tard, il s'aperçut facilement que, par suite des habitudes du langage, ce mot prêtait à une sorte d'équivoque spiritualiste. Or, comme il récusait l'observation par la conscience qui n'est pas comprise dans l'ordre des faits sensibles, il finit par répudier ce terme en lui substituant la locution *physiologie psychique* ou, plus brièvement, *psychophysiologie*, indiquant par le terme *psychique* ce qui est relatif aux sentiments et aux idées, et, par *physiologie*, la formation et la combinaison de ces sentiments et de ces idées en rapport avec la constitution et la fonction du cerveau. Mais les termes qu'on change ne changent absolument rien à la réalité, et les choses peuvent répondre : « Qu'on nous appelle du nom que l'on voudra, cela ne nous empêchera pas d'être ce que nous sommes. » M. Littré a beau nous dire que la description des phénomènes psychiques, avec leur subordination et leur entraînement, est de la pure physiologie, l'étude d'une fonction et de ses effets ; que les faits intellectuels et moraux appartiennent au tissu nerveux ; que le cas humain n'est qu'un anneau, le plus considérable, il est vrai, d'une chaîne sans limite bien tranchée, jusqu'aux derniers animaux [1], il n'y a là qu'une série d'assertions ; celui qui les émet sans preuve ne nous convainc pas ; je dirai presque qu'il ne l'essaye pas dans les pages très brèves qu'il a écrites à côté plutôt qu'au sujet de cette importante question. Il n'a pas démontré, ce qui eût été essentiel, l'impos-

---

1. *La Science au point de vue philosophique*, p. 308.

sibilité prétendue de la psychologie subjective, de l'observation de l'esprit par lui-même (une de ces objections qu'on renouvelle tous les quinze ou vingt ans pour le besoin de causes nouvelles et qui n'acquièrent pas plus de valeur en vieillissant). Il ne démontre pas davantage qu'on puisse se passer, dans toutes les observations anatomiques ou physiologiques du cerveau, d'une psychologie préalable, nécessaire à l'interprétation de ces expériences et sans laquelle il paraît impossible d'établir une distinction quelconque de fonctions entre les divers organes du cerveau, et de rien comprendre à la différence des mouvements qui se produisent dans le système nerveux ou dans la substance grise, tout cet ensemble de faits étant des signes absolument muets pour qui n'a pas déjà quelque notion de la chose signifiée.

Avec quelle vigueur supérieure d'analyse Stuart Mill réfutait ces prétentions de la philosophie positive, dont il se séparait avec éclat sur ce point capital! Quand même, disait-il, il serait démontré (et dans l'état actuel, cela ne l'est pas) que tout état de conscience a pour antécédent invariable quelque état particulier du système nerveux, et spécialement dans sa partie centrale, le cerveau, il reste incontestable qu'on ignore en quoi consistent ces états nerveux dont on parle toujours comme si on les connaissait. Nous ne savons pas et nous n'avons aucun moyen de savoir en quoi l'un diffère de l'autre. Nous n'avons même d'autre manière d'étudier leurs lois de succession et leurs coexistences que d'observer les successions et les coexistences des états d'esprit dont on les suppose les générateurs, les causes. Au rebours des prétentions de la psychologie cérébrale, rien n'est mieux établi que l'impossibilité actuelle où nous sommes de déduire les phénomènes intellectuels ou moraux des lois physiologiques de l'organisation nerveuse. Toute connaissance réelle que nous en pouvons avoir ne peut se prendre que dans une étude directe par l'observation mentale. Il existe donc, bien certainement, une science de l'esprit distincte et séparée. « C'est une erreur très grande, très grave en pratique, conclut Stuart Mill, que le parti pris de s'interdire les ressources de l'analyse psychologique et d'édifier la théorie de l'esprit sur les seules données de la physiologie. Si imparfaite que soit la science de l'esprit, je n'hésite pas à affirmer qu'elle est beaucoup plus avancée que la partie correspondante de la physiologie, et abandonner la première pour la seconde me semble une infraction aux véritables règles de la philosophie inductive[1]. » Depuis M. Littré ou à côté de lui, bien des tentatives ont été faites, en Allemagne, en Angleterre et en France, pour ramener toute la science de l'esprit à la psychologie cérébrale. Il me paraît que dans cette voie on n'a guère avancé et qu'on en est toujours aux espérances illimitées en faveur de la nouvelle science, aux dédains injustifiés et aux épigrammes vieillies, aux assertions sans preuve et aux programmes infaillibles. On ne sort pas de là.

Sur la constitution de la science morale, nous aurions à constater le même échec. M. Littré, avec ses instincts supérieurs, sa haute culture, ses mœurs austères, ses nobles habitudes, devait être et fut, en effet, un des penseurs les plus

---

1. Stuart Mill, *la Logique*, chap. IV.

sincèrement préoccupés des conditions et du sort de la morale dans le monde transformé par le positivisme. Il lui eût été insupportable de voir compromettre ou diminuer le capital de ces idées dans le tableau qu'il se faisait de la société future, régie par des lois nouvelles. Et comme ces lois nouvelles se résumaient à ses yeux dans l'avènement de la science positive, seule arbitre désormais et régulatrice infaillible de l'activité individuelle et de l'évolution sociale, il lui semblait nécessaire au point de vue de la science, obligatoire au point de vue de la conscience, de rétablir sur des bases universellement acceptées l'idée de justice et tout l'ordre moral qui en dépend.

Il l'essaya plusieurs fois. Dans un premier travail[1], préoccupé de chercher ces bases dans la physiologie, il entreprit de démontrer que toute la morale est une dérivation de deux impulsions contraires, l'amour de soi et l'amour des autres, l'*égoïsme* et l'*altruisme* (selon le vocabulaire de l'école), qui eux-mêmes proviennent, l'un de la nécessité de nutrition, qui est

1. *Revue de philosophie positive*, janvier 1870.

imposée à la substance organisée pour qu'elle subsiste comme individu, et l'autre de la nécessité d'aimer, qui lui est imposée par l'union des sexes pour qu'elle subsiste comme espèce. Mais en vain M. Littré s'efforce d'élever et d'ennoblir, en les généralisant, ces deux principes; en vain sous ce terme d'égoïsme il fait rentrer toutes les formes imaginables de l'amour de soi : au plus bas degré, la satisfaction des besoins indispensables sans lesquels la vie ne continuerait pas; au-dessus de ce degré élémentaire, l'emploi judicieux de l'égoïsme, tous les moyens d'atteindre la plus grande somme d'existence et de bonheur. En vain il nous prévient que, dans ce terme bizarre de l'altruisme (auquel il donne pour origine la sexualité), il faut comprendre toutes ces dispositions qui, pour faire durer l'espèce, déterminent tout un ensemble d'impulsions variées à l'infini, aboutissant à l'amour, à la famille, puis, avec un caractère de généralité croissante, à la patrie et à l'humanité. Lui-même ne paraît ni satisfait de sa tâche ni assuré des résultats qu'il obtient. De pareils éléments ne peuvent donner naissance qu'à des conflits perpétuels entre l'é-

SES TRANSFORMATIONS, SON AVENIR. 181

goïsme et la bienveillance, sans qu'aucune autorité puisse s'interposer et régler ces conflits. Quel principe supérieur invoquera-t-on pour décider entre ces deux sortes d'instincts ou de passions? Voilà donc le monde livré à des luttes sans règle et sans terme. On a beau nous dire que la morale se dégagera de ces luttes et qu'elle accomplira son évolution nécessaire « à mesure que la notion de l'humanité resserrera l'égoïsme et dilatera l'altruisme. » Qui nous garantit cela? Qui nous assure que c'est l'égoïsme qui succombera dans cette lutte et que, agité par les instincts inférieurs et les souvenirs obscurs de son origine, il n'aura pas des retours terribles d'atavisme, des explosions de férocité héréditaire, que l'animal enfin ne se réveillera pas un jour dans l'homme et n'emportera pas, dans le flot de ses fureurs déchaînées, le long travail des siècles, les résultats des civilisations humaines, les conquêtes de l'histoire, toutes les formes « de l'idéalisation individuelle et collective », toutes les bases scientifiques du nouvel ordre social posées par la main du génie, consolidées par l'expérience et le temps?

De deux faits physiologiques, l'un ne peut avoir aucune autorité sur l'autre, et, par conséquent, de quel droit espère-t-on qu'à la longue l'un dominera l'autre? M. Littré n'est pas sans avoir senti l'insuffisance de sa théorie. Il a essayé d'y suppléer, quelques années plus tard, en expliquant d'une manière assez inattendue l'idée de justice[1] et lui conférant par cette origine nouvelle le caractère d'autorité dont ne pouvait rendre compte l'origine biologique des besoins. Tout d'un coup, il ramène cette idée, la génératrice de toute la morale, à n'être plus « qu'un fait psychique irréductible », la conception de l'égalité de deux termes. « Elle n'est pas autre chose, nous dit-il, que la dérivation d'un fait purement intellectuel extrêmement simple, celui qui fait que nous reconnaissons intuitivement la ressemblance ou la différence de deux objets. A égale A ou A diffère de B, voilà le dernier terme auquel tous nos raisonnements aboutissent

---

1. *La Science au point de vue philosophique*, p. 331, 339 et 546. — Nous avons discuté ces deux théories de M. Littré sur l'origine de l'idée de justice dans les *Problèmes de morale sociale*, chapitre v.

comme futur point de départ. Cette intuition est irréductible; on ne peut pas la dissoudre, l'analyser en d'autres éléments; c'est une des bases de notre système logique. » On pourrait arrêter là M. Littré et lui demander ce que signifient, en physiologie cérébrale, ces termes, plusieurs fois répétés, de *fait intuitif* et d'*intuition*, qui s'accordent difficilement avec les données de la science positive et ressemblent singulièrement à des lois innées et formelles de l'entendement, principes funestes de la métaphysique. On pourrait aussi lui demander de quel droit il transporte une notion purement intellectuelle dans le domaine de l'action, et par quelle transformation difficile à prévoir l'axiome de contradiction devient l'idée mère de toute la morale. M. Littré répond à cette objection d'une manière assez confuse : « Ce transport, dit-il, n'a rien que de naturel et facile. On sait que, anatomiquement, les facultés intellectuelles et les facultés affectives ont le même siège et que, par cette disposition, elles agissent les unes sur les autres, de quelque façon que l'on conçoive leur juxtaposition, soit que l'on imagine, suivant la doctrine de la spécialité, que les cellules intellectuelles sont distinctes des cellules affectives, soit, au contraire, que, identiques dans leur texture, le fonctionnement n'en diffère que suivant l'impression nerveuse, interne ou externe qu'elles reçoivent. » Je doute fort que cette explication satisfasse personne, je doute même qu'elle ait satisfait son auteur.

Ce que nous appelons l'égalité morale de deux personnes diffère d'ailleurs complètement, soit de l'identité logique de deux termes, soit de l'égalité mathématique de deux grandeurs. A supposer le transfert de la même impression « des cellules intellectuelles aux cellules affectives », cela n'expliquerait pas comment naît et se révèle l'élément de la moralité qui consiste dans le respect de la personnalité inviolable, dans l'obligation de l'observer soi-même, ce qui est le devoir, et de le faire observer aux autres, ce qui est le droit. Deux triangles sont égaux, la science positive le constate ; elle établit sans peine cette égalité par la mesure exacte des deux grandeurs, et dès lors ils sont identiques. Deux machines sorties de deux usines différentes produisent la même somme de travail, cela est encore d'ordre positif, et l'estimation de deux sommes de travail est aussi exacte que celle de deux quantités; ces deux machines équivalent. Soit; mais qu'est-ce que cela signifie, transporté dans le domaine humain? L'histoire naturelle, à laquelle on ramène l'homme et le tout de l'homme, répugne, par ses conditions et par ses lois, à des égalités de ce genre. Là il n'est pas vrai que deux hommes soient égaux, comme peuvent l'être deux grandeurs. C'est une notion très compliquée et très tardive que celle de l'égalité morale de deux êtres humains, soumis à la même loi de justice et garantis par le même droit; c'est le produit ultérieur des civilisations réfléchies, loin d'être « un fait psychique irréductible et primordial ». La vérité, c'est que, si nous nous en tenons aux tristes clartés que la science de la nature projette sur cette question et que nous n'allions pas puiser plus haut, dans la conscience, un supplément de lumière et un enseignement plus pur, si la nature est notre seule maîtresse de morale, elle nous montre le spectacle de toutes ses lois en contradiction manifeste avec la morale imaginaire inventée par l'homme, l'inégalité originelle des races, celle des organisations et des cerveaux, l'inégalité la plus monstrueuse des forces et des aptitudes mentales entre les individus de la même race, du même peuple, de la même famille, l'inégalité partout et toutes ses conséquences : la loi du plus fort régnant dans son horreur, à tous les degrés de l'échelle des êtres ; la concurrence vitale s'étendant sur l'humanité naissante aussi bien que sur le reste des animaux ; l'extermination des plus faibles et des moins favorisés pour la bataille de la vie ; l'utilité spécifique dominant l'intérêt individuel ; la prodigalité insensée des germes et des individus qui semblent indifférents à la force universelle, à l'aveugle créatrice qui ne les suscite à la lumière que pour les vouer à la mort, après que ces obscures multitudes auront transmis à travers les âges les types divers dont elles ont reçu le dépôt.

Voilà l'unique moralité selon la science de la nature, celle que logiquement la société devrait imiter. Certes elle est aux antipodes de la moralité que conçoit M. Littré et que Auguste Comte avait révée. Mais il s'agit précisément de savoir si M. Littré ne va pas chercher ailleurs que dans la science de la nature les éléments de cette culture esthétique et morale qu'il retrace devant nos yeux. Il nous dit dans un langage ému dont nous recueillons avec plaisir l'écho : « Ce n'est pas en vain qu'en des hommes qui sont rentrés dans les ombres éternelles nous voyons des aïeux et des pères ; ce n'est pas en vain que dans les hommes qui jouissent avec nous de notre commun soleil, nous voyons des frères et des compagnons de labeur ; ce n'est pas en vain que dans les hommes qui naissent et naîtront nous voyons nos enfants et la plus chère partie de nous-mêmes. Plus l'homme vit au dehors de son égoïsme, plus il se sent amélioré et heureux. Si la patrie a inspiré tant et de si touchants dévouements, que ne fera pas l'humanité, patrie universelle[1] ? » Nous applaudissons à ces belles visions de l'avenir, à cette affirmation solennelle de la solidarité humaine. Mais nous voyons là, comme M. Littré lui-même nous en a montré tant d'exemples dans la

---

1. *Conservation, Révolution, Positivisme*, 2ᵉ édition, p. 395.

vie de M. Comte, des effusions de sentiment, produisant une sorte de lyrisme, des dispositions *subjectives* dignes de tout notre respect. Il nous est impossible de voir par quelle logique secrète de pareils sentiments se rattachent à la conception positive du monde, c'est-à-dire à la condition stricte de n'accepter comme règles que les faits physiques et les relations démontrées de ces faits. Nous sommes ici sur les plus hauts sommets de la sphère humaine; or, quoi qu'en dise l'école positiviste, il y a opposition manifeste entre le travail de l'activité humaine et le travail de la nature. La nature physique ne donne que des leçons d'égoïsme. Elle ne connaît pas le droit individuel ou elle le méprise ; elle ne connaît ni la bienveillance ni la charité ; elle ne respecte et ne fait respecter dans sa dure évidence que la loi du plus fort. L'humanité, guidée par d'admirables instincts, travaille au rebours de la nature, elle n'exclut pas du droit de vivre les faibles et les déshérités; au contraire, elle les respecte, elle les recueille, elle les aime; à la justice elle ajoute la charité, elle n'imite pas la nature, elle la réforme. C'est ce qu'a fait M. Littré ; il prend dans toute sa rigueur la science positive, il jure de lui obéir jusqu'au bout, et voici qu'au terme de sa tâche il se trouve qu'il a transformé complètement les données ingrates et inhumaines de cette science. C'est que, sans s'en douter et aux dépens de la logique, il y ajoute simplement son âme. C'est avec son âme toute seule qu'il a créé cette morale, aussi étrangère à l'impassible nature que la nature l'est elle-même à nos passions et à nos douleurs.

Il n'est pas douteux que M. Littré n'ait échoué dans la tentative qu'il a faite pour constituer scientifiquement la psychologie et la morale. Quant aux problèmes qui dépassent la sphère humaine, il les écarte simplement et se contente de railler les spiritualistes et leurs vaines prétentions de les résoudre. « On nous reproche, dit-il, de laisser de grandes lacunes qui empêcheront à jamais les doctrines positives de prévaloir dans le gouvernement moral des sociétés. On dit que nous ne satisfaisons aucunement aux besoins que l'âme humaine éprouve de s'élever au delà des bornes de l'univers visible, de s'occuper des mystères de l'inconnaissable, et d'écouter l'instinct qui nous fait croire que notre vie se prolonge au delà du tombeau. A cela notre réponse est facile, non qu'en effet nous satisfassions en rien cet ordre de désirs, mais parce que, aussi curieux que nos adversaires des secrets d'outre-monde et d'outre-tombe, notre curiosité n'a jamais obtenu de résultats. Il est pénible sans doute d'être ainsi renfermé dans le domaine du relatif; nous n'avons pu en sortir par nous-mêmes, et, résignés à dire avec le poète :

Sors tua mortalis, non est mortale quod optas,

nous attendons qu'on nous apporte des preuves meilleures que celles qui ont cours. »

Certes je n'entreprendrai pas de proposer, au pied levé, à M. Littré des preuves meilleures que celles qui ne l'ont pas satisfait dans cet ordre de problèmes. C'est un tout autre objet que je poursuis en ce moment. Mais, peut-être, serions-nous en droit de demander à notre sévère critique d'être plus difficile pour les objections qu'il présente dans les questions de ce genre. Voyez plutôt quel embarras se manifeste dans l'examen qu'il entreprend de l'idée de la finalité, cette idée maîtresse de la métaphysique, complice et garant de l'hypothèse d'un plan et d'un dessein dans la nature. Qu'on relise la *Préface d'un disciple*[1], on se convaincra facilement de la perplexité de cet esprit à la fois systématique et honnête, qui craint de donner les mains à une concession redoutable pour l'école, et aussi de se refuser injustement à une évidence qui s'impose dans certains cas indéniables. On aura beau nous opposer un grand nombre de cas où cette évidence se trouble et s'obscurcit. Là où l'hypothèse est vérifiée (comme M. Littré le reconnaît pour la constitution de l'œil et les cas analogues), comment refuser de reconnaître l'existence d'une cause quelconque qui a eu un plan et s'est proposé un but qu'elle a atteint? M. Littré, trop consciencieux pour méconnaître le fait, s'interdit pourtant de l'expliquer ainsi et il se réfugie dans une explication qui n'en est pas une : « Il n'y a pas lieu de demander pourquoi la substance vivante se constitue en des formes où les appareils sont, avec plus ou moins d'exactitude,

---

[1]. *Principes de philosophie positive.*

ajustés au but, à la fonction. *S'ajuster ainsi est une des propriétés immanentes de cette substance,* comme se nourrir, se contracter, sentir, penser. » Que de prises une pareille explication donne sur celui qui l'a proposée ! — « On s'étonne, dit très justement un de ces spiritualistes si malmenés [1], de voir un esprit aussi familier que celui de M. Littré avec la méthode scientifique se payer aussi facilement de mots. Qui ne reconnaîtrait là une de ces qualités occultes dont vivait la scolastique et que la science moderne tend partout à éliminer ? » Et cela est si vrai qu'un autre écrivain positiviste, M. Robin, abandonne M. Littré sur ce point, qui est bien grave. — Il n'existe pas une sorte d'entité appelée matière organisée, qui serait douée, on ne sait pourquoi ni comment, de la propriété d'atteindre à des fins, ou, si cette matière existe, comment pouvez-vous la connaître, puisque vous ne connaissez que des phénomènes et des lois ? Parler de vertu *accommodatrice* dans la matière, c'est ressusciter les vertus dormitives et autres que

---

1. *Les Causes finales*, par M. Paul Janet, 2ᵉ édition, p. 631.

Molière a tuées pour toujours. « Dans un autre écrit, M. Littré avait combattu avec une éloquente vivacité la vertu médicatrice de l'école hippocratique. En quoi est-il plus absurde d'admettre dans la matière organisée la propriété de se guérir soi-même que la propriété de s'ajuster à des fins [1] ? »

Que de fois on pourrait saisir M. Littré dans une sorte de flagrant délit, non pas précisément de contradiction avec lui-même, mais de déchirement entre le système qui le tient captif et les clartés qui l'entraînent ! Il nous dit quelque part que rien ne l'émeut autant que le spectacle de cet univers sans limite qui se révèle à nos yeux, à nos instruments, à nos calculs, et de la faible mais pensante humanité jetée dans cette immensité. « Quand l'homme s'engagea dans la recherche laborieuse de la réalité des choses, il lui fut promis par un secret instinct que la réalité, la vérité ne laisserait ni son imagination sans merveille, ni son cœur sans chaleur. La promesse a été tenue : le monde s'est ouvert avec

---

1. *Les Causes finales*, par M. Paul Janet, 2ᵉ édition, p. 631.

une grandeur qui est une souveraine beauté. » Je sais bien qu'il serait injuste de presser trop rigoureusement des métaphores. Mais enfin qu'est-ce donc que cet instinct secret dont on nous parle magnifiquement? N'est-ce pas encore là une de ces causes finales proscrites, une conformation de l'esprit de l'homme en rapport avec la réalité et ses lois pressenties? N'y a-t-il pas là quelque chose qui dépasse l'étroite prison des phénomènes et je ne sais quel appel d'une voix mystérieuse qui semble dire à l'homme : « Toujours plus haut! toujours plus loin! » Enfin, quand M. Littré nous montre, avec une sorte d'enthousiasme religieux, l'humanité s'avançant à travers les siècles, existence idéale à la fois et réelle, longtemps ignorée, puis se dégageant de ses nuages, partout fécondant la surface de la terre, gardienne jalouse des richesses intellectuelles et morales des générations, et nous améliorant tous, de race en race, sous sa discipline maternelle et sa bénigne influence ; quand il nous trace le tableau de « cet idéal réel qu'il faut connaître (science et éducation), aimer (religion), embellir (beaux-arts), enrichir (industrie), et qui de la sorte tient toute notre existence, individuelle, domestique et sociale, sous sa direction suprême[1], » nous sommes toujours tentés d'arrêter M. Littré et de lui demander comment, réduit aux phénomènes qu'il voit et qu'il constate scientifiquement, à l'aide de ces données strictement positives, il peut se forger de tels rêves de félicité au milieu des misères et des luttes de l'heure présente, et se construire ces palais magiques où habite une humanité transfigurée, ces *templa serena*, œuvre d'un poète et d'un rêveur ? M. Littré me répondrait qu'un des plus nobles attributs de l'intelligence humaine, c'est la puissance qu'elle a d'idéaliser. L'idéal est à la fois son rêve et son culte ; elle le poursuit et l'adore ; elle le modèle et se laisse modeler par lui[2]. Soit ; mais qu'est-ce donc que cette faculté d'idéaliser, sinon la faculté de voir plus et mieux que le réel, d'échapper aux splendeurs glacées de l'immensité cosmique en y jetant sa pensée, ou aux tristes spectacles des sociétés humaines en substituant son œuvre à celle de

---

[1]. *Conservation, Révolution, Positivisme*, 2ᵉ édition, p. 409.
[2]. *Ibid.*, p. 395.

la nature insensible et de l'histoire immorale, c'est-à-dire sous les deux formes, au règne brutal des faits? Mais cette faculté même, qui peut tout idéaliser, est-elle donc l'œuvre du pur mécanisme? Et ce travail perpétuel de l'homme qui tâche d'accomplir son rêve sur la terre par la science, par l'art, par la charité, et de recréer le monde à l'image de ses idées, n'est-il pas la plus éclatante protestation contre toute philosophie qui explique l'homme par les lois aveugles de la matière et du hasard et fait ainsi de la pensée et de la raison les phénomènes les plus incompréhensibles de cet univers que la pensée pénètre et que la raison comprend?

Nous avons exprimé nos dissentiments sur les graves problèmes où nous sommes séparés de M. Littré. Nous croyons que sa tentative a été vaine pour constituer la philosophie nouvelle, et qu'il lui a donné une base trop étroite pour porter l'édifice de nos idées. Mais d'autres recommenceront cette œuvre manquée. Ils sont nombreux, beaucoup sont savants, quelques-uns sont puissants; ce sont là des chances considérables dans la bataille de la vie. De plus, le terrain des luttes futures est déblayé de tout ce qui l'obstruait ; les situations sont plus nettes ; les combattants nouveaux ont rejeté les bagages inutiles. L'ancien positivisme est transformé ; il est mort sous la forme doctrinale que lui avait imposée M. Comte et qu'avait acceptée en partie M. Littré ; il est mort au moment même où il entrait dans la politique, où il recevait la consécration des pouvoirs nouveaux et des partis qui semblent maîtres de l'avenir ; mais, allégé de l'ancienne doctrine, il est plus vivant que jamais, il est en train de devenir par ses négations la philosophie officielle en France. Cela nous fait prévoir de redoutables conflits, et la paix des âmes n'est pas plus assurée que celle des nations, en dépit des lois et des prévisions de la sociologie. Tout ce que nous demandons, c'est que la lutte à peine commencée et qui s'annonce plus vive que jamais ne descende pas dans la rue, qu'elle n'ait pour théâtre que la conscience, pour arbitre que la raison, pour arme que la discussion, et qu'aucun des partis engagés dans ce grand combat des idées ne se prévale de la force que les hasards de la politique peuvent mettre momentanément dans ses mains. La vérité doit faire seule son œuvre. C'était le vœu de M. Littré ; c'est aussi le nôtre.

CHAPITRE III

LE PRIX DE LA VIE HUMAINE DANS LE POSITIVISME

Si l'ancien positivisme est mort en tant que système, nous avons reconnu qu'il est plus puissant que jamais comme tendance. Il a légué aux nouvelles générations le problème dans lequel est venu se résoudre tout l'effort de cette laborieuse école et que nous avons eu déjà l'occasion d'indiquer : La science positive est-elle en mesure d'être l'institutrice unique de l'humanité, l'arbitre de ses idées et de ses mœurs? Pourra-t-elle donner à l'homme tout ce qu'il est en droit d'espérer pour la vie de l'imagination et du cœur, que l'on ne veut apparemment pas proscrire, pour les ambitions de la pensée et les aspirations vers la justice, aussi facilement qu'elle le fait pour la conquête graduelle des forces de la nature, pour l'extension du pouvoir humain sur la matière, pour l'ornement et l'amélioration du séjour de l'homme et les satisfactions presque illimitées de son bien-être ? Suffit-elle à tout ? Répond-elle à toutes les conceptions du bonheur que l'homme peut se faire, à toutes les conditions de sa destinée ? *La foi scientifique*, que Littré oppose, sous ce nom expressif et dans un sens très limité, aux croyances philosophiques et religieuses, est-elle de nature à les remplacer dans tous leurs emplois et leurs applications légitimes, après qu'elle les aura détruites ?

Nous n'entreprendrons pas de reconstruire ici, au nom de la pensée spéculative, les objets d'intuition ou de croyance que cette critique a relégués dans la région des possibilités inaccessibles ou des pures chimères. Ce serait tout un système à développer contre un autre système. Nous ne prétendons traiter en ce moment la question qu'à ce point de vue : Que deviendra la vie humaine sous l'empire exclusif de la foi scientifique ? Jusqu'à présent il n'est guère douteux, selon la remarque d'un auteur anglais qui s'est beaucoup occupé de cette question, que « les deux bases de la vie morale, chez les peuples occidentaux, n'aient été l'existence d'un dieu personnel qui la produit et l'immortalité de l'âme qui la perpétue ». Il faut y ajouter la foi à l'absolu du devoir, à une loi indépendante des conventions humaines, des races et des climats. C'était là un fond de doctrine implicite dans les idées et les mœurs de notre civilisation, et comme fixé dans les instincts des générations. L'accord sur ces différents points existe, malgré des dissidences de détail, entre Platon et saint Augustin, Leibniz et Bossuet, Kant et le christianisme. Des philosophies fameuses, comme celles de Hobbes, de Spinoza ou de Voltaire, n'avaient pas réussi à extirper de la conscience humaine cet ensemble de croyances. Mais ce que la dialectique des idées ou l'ironie n'avaient pu faire pour la grande majorité des hommes, restés fidèles à ces doctrines, ni pour la civilisation, constante à elle-même et à ses directions générales, la critique moderne, au nom de la science positive, est en train de l'accomplir. On assure qu'elle aura bientôt, selon une expression célèbre du dix-huitième siècle, « purgé l'esprit humain de toute matière superstitieuse ». Dès lors, on est en droit de se demander ce qui arrivera dans le monde, quand « ces bases » seront renversées. Si la conception positiviste du monde finit par triompher dans les esprits, il faudra bien que l'homme moderne s'habitue à penser et à sentir autrement qu'il n'a pensé et senti jusqu'à ce jour; il faudra le façonner à de nouvelles formes d'idée et de vie, créer pour l'esprit humain un autre climat et l'y faire vivre de gré ou de force.

C'est la nature de ce nouveau climat moral, c'en est la composition, les éléments et les effets que je voudrais analyser. Plaçons-nous résolument en face de ce problème qui préoccupe les esprits les plus distingués de ce temps. Les uns semblent frappés d'une sorte d'épouvante, quand ils mesurent par la pensée les vides qui vont se creuser dans la conscience humaine à la place des croyances disparues. Les autres, à la vue d'une humanité transfigurée, se jettent à corps perdu dans des espérances et des enthousiasmes sans limites; ils n'aperçoivent plus d'obstacle dans cette voie triomphale qui s'ouvre devant l'homme se consacrant dieu de ses propres mains, le dernier dieu, c'est-à-dire l'être le plus élevé qu'il lui soit donné de concevoir. D'autres enfin, bien que favorables théoriquement aux nouvelles doctrines, ne peuvent s'empêcher d'être soucieux devant les grands changements qu'ils prévoient : ils ont des visions attristées sur ce lendemain de l'humanité qui va sonner à l'horloge des siècles. Tous sentent qu'il y a là une question à la fois inévitable et dramatique.

C'est de cet ordre d'idées qu'est sorti récemment un livre qui a fait sensation en Angleterre et dont le titre est significatif autant que le succès lui-même : *Is life worth living?* La vie vaut-elle la peine d'être vécue[1]? Vivre, si l'on doit repousser comme une chimère tout idéal supérieur aux faits et aux lois physiques, vivre alors en vaudra-t-il le tracas et l'effort? Tel est le sujet, vivement exprimé par ce titre original et inquiétant. Une critique sévère aurait à signaler dans ce livre de graves défauts : trop de questions mêlées ensemble et qui gagneraient à être séparées, des surcharges et des lacunes dans la teneur

1. Deux traductions ont paru simultanément en France. Celle de M. Salmon a été autorisée par l'auteur.

générale du raisonnement, un désordre qui n'est pas toujours un effet de l'art, des plaisanteries d'un goût douteux, un humour sans légèreté ; en revanche, on n'y peut méconnaître une dialectique pénétrante, tenace, subtile, une étude profonde du sujet, une connaissance exacte du problème et de ses conditions fondamentales, une probité de pensée et de sentiment qui inspire la confiance au lecteur. Tel qu'il est, et malgré ses défauts trop visibles, le mérite de ce livre est d'être venu à son heure, au moment où chacun le faisait à sa manière et à son idée, et d'avoir nettement posé la question en la prenant dans la conscience moderne qui la pose elle-même en termes irrécusables, chaque jour, avec une curiosité toujours plus pressante. Cette question, il est bon que chacun des hommes de ce temps, et qui pensent, s'habitue à la traiter sous tous ses aspects, avec calme, sans illusion, dans un esprit de sincérité absolue.

Nous n'avons pas à donner l'analyse du livre de William Mallock ; nous n'en suivrons ni le plan ni la méthode, ni l'argumentation générale; nous nous réservons simplement le droit de citer l'auteur à l'occasion comme un témoin qui mérite d'être entendu, toutes les fois que l'examen que nous entreprenons amènera des rencontres entre ses idées et les nôtres. Mais il y a un point essentiel que l'auteur a mis parfaitement en lumière et que nous dégagerons tout d'abord, c'est la force d'impulsion acquise et très lente à se perdre, qu'exercent longtemps encore les idées religieuses dans les esprits, même quand on croit qu'elles ont disparu. C'est là une considération d'une importance capitale dans la question qui nous occupe. On se demande ce que deviendra la vie humaine, quand on l'aura réduite, non partiellement et pour quelques-unes de ses manifestations, mais tout entière, aux données de la science positive. Pour répondre sérieusement, scientifiquement à cette question, une condition préliminaire est à remplir, c'est d'éliminer avec le plus grand soin, dans l'analyse de la civilisation future, tous les éléments qu'ont pu y introduire les influences désormais condamnées, spiritualistes ou religieuses.

C'est un fait incontestable, que nous vivons

longtemps de la vie du passé, même quand théoriquement le passé n'existe plus pour nous, et cela est vrai surtout dans l'ordre des idées pratiques et des sentiments moraux. Il s'est formé en nous une série d'habitudes et d'instincts qui ne sont eux-mêmes souvent que des habitudes accumulées dans une famille ou dans une race, qui nous lient ensuite dans l'avenir, prisonniers inconscients du passé, et nous engagent dans des associations presque indissolubles d'impressions ou d'idées.

Prenons un exemple qui nous servira à mesurer la portée de ces influences secrètes. Il y a une question que l'on pose souvent dans certaines écoles philosophiques et religieuses, à savoir « si un athée peut être un honnête homme ». Cela n'a de sens évidemment que si l'on entend l'honnêteté selon les règles de la morale ordinaire ; sans cela il n'y aurait pas lieu de poser la question. Mais alors même la réponse n'est pas douteuse. Oui, sans doute, et nous en avons des exemples sous nos yeux, un athée peut être un honnête homme, d'après les règles de la morale généralement reçue. Nous en voyons chaque jour qui conforment leur vie non pas seulement à la plus stricte justice, mais à la plus large équité, qui l'élèvent même jusqu'à la charité, qui en consacrent l'emploi par le plus utile travail, qui savent en faire un modèle, un type bienfaisant à contempler. Mais de tels cas individuels ne résolvent logiquement la question ni pour l'humanité tout entière, ni pour son avenir. Il faudrait tout d'abord examiner pour quelle part entrent dans une telle vie les influences actuelles ou séculaires, les idées ambiantes, tout imprégnées de christianisme diffus ou de spiritualisme latent, les habitudes collectives de la race, de la nation ou de la famille, les habitudes individuelles de l'homme lui-même, contractées en dehors de ses convictions nouvelles. Tout cela est très difficile, très délicat, très compliqué. La question de l'athée honnête homme n'est donc pas une question de fait. Dans le fait, elle est trop aisément résolue. Pour la rendre intéressante, il faut la transformer en un problème de logique; il faut se demander si la morale de l'avenir, uniquement déduite de l'expérience positive, pourrait produire théoriquement ce que la civilisation actuelle appelle un honnête homme. Là seulement serait l'intérêt du débat. Et, pour résoudre la question, il faudrait d'abord écarter tous les éléments de civilisation antérieure, fixés de longue date dans la conscience qui serait soumise à l'examen. Resterait enfin à savoir si, dans le fond de cette conscience, il ne subsistera pas encore toute une série d'instincts et d'aspirations primitives, originaires, irréductibles à la morale positive, des forces secrètes dérivant d'une essence incomplètement connue par la psychologie cérébrale, des énergies intérieures d'impulsion, qui, même dans le triomphe apparent de la morale nouvelle, la dépasseront de tous les côtés, la domineront, élèveront l'homme au-dessus de sa doctrine et lui referont, en dépit d'elle, une moralité supérieure, inexplicable par ses idées.

De ces divers éléments de la question, le plus considérable est l'influence occulte du christianisme, survivant à sa défaite officielle dans certaines âmes. Personne n'a mieux décrit que M. Renan, dans une circonstance récente, cet état de conscience, si fréquent parmi nos con-

temporains, chez lesquels un minimum d'idée
religieuse, persistant à travers le rationalisme
sec ou l'empirisme rigoureux, soutient encore
et dirige la vie morale. Ce pénétrant observateur
nous traçait le portrait d'un homme hautement moral, qui, après des études faites pour le
ministère évangélique, avait rompu avec la vieille
tradition et était entré dans la voie de la philosophie et de la critique allemandes [1]. « Ce changement, nous dit-il, comme il arrive souvent,
ne modifia en rien ses règles morales... Une vie
entière était parfumée par le souvenir de ces
croyances fécondes dont on pouvait sacrifier la
lettre sans abandonner l'esprit. » Il marque
d'un trait bien personnel « cette heure excel-
lente du développement psychologique, où l'on
garde encore la sève morale de la vieille
croyance sans en porter les chaînes scientifiques... A notre insu, c'est souvent à ces formules
rebutées que nous devons les restes de notre
vertu. Nous vivons d'une ombre, du parfum
d'un vase vide ; après nous, on vivra de l'ombre

---

1. Séance de l'Académie française du 25 mai 1882.

d'une ombre. — Je crains, par moments, que ce ne soit un peu léger, » ajoutait l'orateur académique, aux applaudissements très significatifs de l'auditoire.

C'est cet élément subtil et presque insaisissable qu'il faudrait tout d'abord éliminer par une opération chimique, *sublimer*, comme disaient les vieux alchimistes, afin de pouvoir apprécier avec exactitude ce qui restera, au fond du creuset, de substance solide vraiment utilisable pour les adeptes du positivisme. Mais comme il est difficile d'arriver à saisir ce résidu pur et sans mélange! Une opération aussi délicate demande, pour réussir, beaucoup de tact, de finesse et de sincérité. C'est une expérience de chimie morale à faire. Il y a en effet bien des éléments divers dans l'atmosphère intellectuelle dont nous vivons ; n'est-elle pas saturée de la vie antérieure du monde civilisé et de ses conditions d'existence? Nous la respirons sans nous en rendre compte, et les positivistes aussi bien que nous. Il n'est pas difficile de démêler dans leurs jugements et leurs sentiments un grand nombre de ces idées dont l'origine devrait leur être suspecte, mais qui font partie de cet air natal et familier nécessaire à leurs poumons, où leur vie s'alimente encore longtemps après qu'ils s'imaginent s'être créé à eux-mêmes des conditions nouvelles d'existence.

C'est l'ordinaire erreur des positivistes quand ils s'occupent de la vie humaine. Ils font profession, dit M. Mallock, de l'avoir *déreligionisée* avant de s'en occuper. Mais c'est une singulière méprise. Ils s'imaginent donc que la religion n'existe que dans sa forme pure, qu'elle est toujours un sentiment distinct de dévotion, ou l'assentiment d'une foi qui a conscience d'elle-même. On s'est débarrassé de ces formes, et l'on se persuade alors que tout est fini. C'est à peine si l'on est au début de l'opération. L'idée religieuse ne se trouve que rarement à l'état pur, elle se combine, à l'ordinaire, avec les actes et les sentiments de la vie ; elle leur donne des propriétés, des couleurs et une consistance toutes nouvelles. Elle se trouve partout cachée, là même où nous aurions été le moins tenté d'aller la chercher, dans l'esprit et dans l'humeur même, dans nos ambitions présentes et futures. Bien plus encore la trouverions-nous dans l'héroïsme, dans la pureté, dans l'affection, dans l'amour de la vérité et dans tout ce qu'il plaît aux positivistes aussi bien qu'aux spiritualistes d'exalter. Ils pensent apparemment qu'il leur suffit d'éliminer Dieu pour s'emparer de son héritage. Aussitôt qu'ils ont frappé les croyances, ils se retournent du côté de la vie, en montrent les trésors et nous appellent à en jouir. Mais il se trouve qu'ils sont loin de compte. Tout maintenant a changé d'aspect. La religion est une des couleurs de la vie qui se mêle le plus intimement à toutes les autres couleurs conservées sur la palette; c'est elle qui leur prête leur apparence de profondeur et le meilleur de leur éclat. Si, par un procédé subtil, on l'enlève, tout se ternit et se décolore [1].

On peut déposséder l'humanité de ses dogmes actuels, mais non pas des effets qu'ont produits ces dogmes dans le cours des siècles. Dissimulés sous des formes diverses, ils ont envahi, pénétré la vie morale, et maintenant ils se présentent à

---

1. W. Mallock, édition Didot, p. 91-95.

nous, plus ou moins cachés, dans toutes nos idées et nos espérances, dans tous nos intérêts et même dans nos plaisirs. Aussi rien de plus difficile, pour l'homme moderne, que de se faire positiviste en réalité et dans toutes les conséquences que le mot comporte, de s'abstraire violemment de dix-huit siècles de christianisme, de plus de vingt-deux siècles de métaphysique qui pèsent sur lui. Que l'on essaye de calculer combien de spiritualisme, après ce long temps, reste incorporé dans les notions et dans les sentiments de l'humanité, quelle quantité d'idées morales est emmagasinée dans la conscience des générations, comme la chaleur du soleil l'est dans la houille ou dans le diamant. Cette conscience historique de l'humanité est restée, à son insu, religieuse. On nous reprochera peut-être d'employer ce mot d'une manière trop générale pour désigner tous les éléments idéalistes qui sont entrés par l'action des siècles dans l'âme des peuples d'Occident. De telles notions sont, je le sais, d'origines bien diverses. Plusieurs proviennent des philosophies; elles ont pris naissance dans la réflexion libre de la pensée sur elle-même. Mais ces idées philosophiques, ce spiritualisme séculier, si je puis dire, n'ont exercé leur empire direct que sur un petit nombre d'intelligences d'élite. Le grand courant des générations y est resté étranger. Elles n'ont eu d'accès dans la masse de l'humanité qu'à travers les influences religieuses et à la condition de se confondre avec elles. C'est pour cette raison que, toutes les fois que nous venons à considérer ce grand phénomène historique, la formation de la conscience humaine à travers les âges, nous résumons, sous le terme le plus clair, le plus compréhensif et le plus usuel, tous les éléments similaires qui sont entrés successivement dans la composition de cette essence complexe. Quelles que soient la hauteur de ses origines et la grandeur des esprits qui la représentent, la métaphysique n'aura eu dans l'histoire de l'humanité qu'un rôle secondaire si on le met en regard de celui que les religions ont rempli sur la scène du monde.

Voilà ce que comprennent quelques-uns des chefs des écoles nouvelles. Aussi est-ce directement à l'élément religieux qu'ils s'attaquent, ne doutant guère qu'il n'entraîne dans sa ruine le spiritualisme tout entier, y compris l'idéalisme, qui en est une dernière forme. Dans une discussion récente, un des plus ardents polémistes de ce temps, M. Henry Maret, raillait impitoyablement ce que d'autres, démolisseurs convaincus des religions, mais plus timides pour tout le reste, voudraient conserver sous le nom de *croyances laïques* et maintenir à la place et sur les ruines mêmes des dogmes. « Croyances laïques, disait-il, le mot m'a plu. Je ne serais pas fâché de savoir en quoi elles consistent. Une croyance religieuse, cela se conçoit. Vous faites intervenir un être supérieur, une révélation ; vous vous inclinez, vous obéissez. Voilà qui va bien. Hors de là, je ne sache pas qu'il y ait autre chose que la raison individuelle. La raison m'apprend certaines vérités scientifiques, telles que : *deux et deux font quatre*, et : *la ligne droite est le plus court chemin d'un point à un autre*. Mais je ne pense pas que ce soient là les croyances laïques dont on nous parle et qui constituent la morale. Il n'est pas une de ces prétendues croyances qui ne puisse être niée par la raison. On ne s'aperçoit donc pas que les fameuses croyances laïques sont tout simplement les vestiges du christianisme que l'on a détruit. » Et s'adressant à ceux qui les soutiennent et qu'il accuse d'inconséquence : « Toutes les lois, dit-il, avec lesquelles vous faites la morale devraient être considérées par vous comme autant de préjugés; car toutes viennent de là. Vous avez sapé la base, mais le château reste encore en l'air, tenant debout par la force de l'habitude. »

Il semble bien démontré que le monde moderne vit encore, malgré l'effort des nouvelles doctrines, sur le capital (bien qu'amoindri et chaque jour décroissant) des idées morales accumulées pendant de longs siècles. Mais qu'arrivera-t-il quand ce capital sera perdu et dissipé? Il faut prévoir que ce jour-là, qui même ne peut guère tarder, si l'on en croit les pronostics du positivisme, on devra se contenter de ce qui est strictement contenu dans les données de l'expérience positive. Et dès lors « un changement s'accomplira dans le monde, dont le sens et la portée nous échappent encore, mais que nous pouvons essayer de deviner; c'est la transformation d'une ère qui finit en une autre qui commence. »

Tâchons de réduire à leur plus simple expression, en les dégageant de tout alliage métaphysique ou religieux, les données fondamentales de ce que M. Littré nomme la foi scientifique : toutes les idées constitutives de chaque science devront être l'objet d'une perception positive, d'une expérience indiscutable et vérifiée ; les phénomènes psychiques ne pourront être étudiés que dans leur expression sensible et dans leurs conditions organiques ; au fond, plus de distinction essentielle entre les phénomènes psychiques et les phénomènes physiques, toute distinction de ce genre impliquant une différence de substance là où l'on ne peut concevoir qu'une différence de manifestations. L'unité de la nature est présumée, je ne dirai pas affirmée, ce qui serait contraire au programme de l'abstention la plus rigoureuse sur les origines et les causes premières ; mais les résultats sont les mêmes : la base de la psychologie cherchée dans la biologie, la base de la morale dans l'histoire naturelle des espèces ; la vie humaine ne différant pas par ses conditions et ses lois fondamentales de la vie universelle, qu'elle représente seulement avec un degré supérieur d'intelligence qui permet à l'homme de se rendre mieux compte de ces conditions et de ces lois. Il n'y a nulle part interruption brusque dans la série des phénomènes, lesquels se ramènent tous également à des métamorphoses incessantes de la force et de la matière, apparaissant soit comme individus sous les formes d'un monde ou d'un astre, d'un corps ou d'une cellule, soit comme phénomènes, sous les formes du mouvement ou de la sensation, de l'instinct ou de la pensée, irréductibles jusqu'à présent les unes aux autres, mais de plus en plus serrées par l'analyse et destinées à révéler un jour ou l'autre leur identité sous la variété purement apparente des circonstances et des conditions qu'elles rencontrent dans le mélange infini des choses. — Ne rien admettre, ne rien croire que sur la foi de l'expérience positive, voilà toute la doctrine et toute la méthode. C'est sur cette base que l'on s'engage à reconstruire la vie morale tout entière, qui risquait de périr sous les débris des vieilles doctrines. A-t-on tenu cet engagement? S'il n'est pas tenu encore jusqu'à l'heure présente, peut-on prévoir qu'il le sera un jour, que les promesses des novateurs seront accomplies et que l'on finira par rendre à l'humanité, sous une autre forme, en échange de son adhésion à la vérité nouvelle, les richesses intellectuelles et morales qu'elle était menacée de perdre, ou du moins l'équivalent positif de ces idées qui seules nous semblaient capables de donner à la vie sa valeur et son prix?

II

La question ainsi posée n'a pas l'air d'embarrasser les positivistes. On leur dit : « Vous enlevez à la vie humaine tout ce qui pouvait, aux yeux des sages, la sauver de la vanité absolue. Prouvez maintenant que ce qu'il en reste n'est pas vain. » Ils acceptent cette mise en demeure. Ils se font fort de prouver qu'ils n'ont après tout détruit que des chimères, qui ne pouvaient être un solide appui pour le bonheur ou la moralité, et qu'en transformant les conditions et les aspects de la vie, ils n'en ont pour cela diminué ni le sérieux ni la valeur.

M. Littré a montré à plusieurs reprises le noble souci de ne pas laisser décroître entre ses mains ce trésor moral de l'humanité. Dès 1851, il esquissait la théorie positive du bonheur. Elle vaut la peine d'être résumée ; car elle contient en germe toutes les réponses qui seront faites plus tard par les penseurs de cette école à cette grave question de la destinée.

Dans ces temps d'anarchie, disait-il, où les uns se lamentent sans fin sur l'imminence de la ruine, où les autres se laissent aller à d'ardentes passions de destruction, où beaucoup sont saisis d'un scepticisme énervant et d'une égoïste mélancolie, il est salutaire de montrer à tous qu'on n'a ni à se lamenter sur le passé qui s'évanouit, ni à s'user dans les colères de la destruction négative, ni à se perdre misérablement dans les langueurs du scepticisme, mais qu'on peut et qu'on doit vivre l'esprit clair, l'âme sereine et le cœur ardent. Cela est-il possible avec la doctrine nouvelle? Assurément. Qui empêche les positivistes d'atteindre, d'une autre manière et par d'autres procédés, à ces biens inestimables, la clarté de l'esprit, la sérénité de l'âme, l'ardeur du cœur? Aimer est la première condition de la félicité promise et réalisée par la philosophie positive. Elle inspire l'horreur de ce monde de violence, de guerre, de domination privilégiée, de richesse égoïste où nos prédécesseurs ont

trop longtemps vécu. Elle inspire l'énergique
désir d'en sortir. Elle ouvre à nos instincts sympathiques une carrière infinie, non pas dans un
séjour surnaturel, mais sur notre terre, dans la
continuité de la vie humaine, dans l'héritage
permanent des générations. — Connaître est le
second terme de la satisfaction de notre âme, et
qui mieux que la science positive peut lui donner
cette satisfaction? Quel puissant révélateur que le
savoir scientifique, étalant devant nous le spectacle
réel de ce que nous voyons de la nature, spectacle dont les anciens n'avaient aucune idée! Les
immensités se sont ouvertes; les soleils y cheminent comme des points lumineux. Les antiquités se sont agrandies comme les espaces;
l'homme est ancien, et avant lui la vie s'était
manifestée sous toutes sortes de formes d'autant
moins complexes qu'on remonte plus haut,
jusqu'à ce qu'enfin on rencontre les terrains primordiaux vides de tout organisme. Voilà la réalité
dans toute sa grandeur, dans toute sa beauté,
dans toute sa terreur. — De graves et salutaires
émotions s'élèvent dans le cœur à la vue de cette
réalité, et nous répétons avec Dante : *Il naufragar*

in questo mar è gioia : S'abîmer dans cette mer est une joie. — Servir est le troisième terme de la satisfaction humaine. Selon M. Comte, ce qu'il y avait de plus douloureux, pour les belles âmes, dans le régime antique de l'esclavage et du servage, c'était de ne pouvoir se dévouer librement au service d'autrui. Nous qui ne sommes plus ni esclaves ni serfs, nous entrons dans cette pleine liberté du dévoûment au service de l'humanité. D'autant plus dévoués que nous sommes plus libres, nous trouvons un aliment assuré à notre activité la plus étendue. Tout, dans cette direction, s'ennoblit et se sanctifie. — Et la conclusion arrivait d'elle-même : avoir contemplé les lois éternelles du monde et aimer ce qui est digne d'être aimé, vaut la peine d'avoir vécu.

Telle était, il y a trente ans, sous l'impulsion directe et personnelle de Comte, la doctrine de M. Littré sur la valeur et la dignité de l'existence morale. En 1878, soumettant ces pages à un examen approfondi et les jugeant librement selon sa coutume, il les approuve ; il en reprend quelques idées pour les développer. Il fait remarquer que de même que les révélations diffèrent grandement (révélation théologique, révélation scientifique), de même les félicités qu'elles procurent aux hommes ne diffèrent pas moins. La félicité individuelle tenait le premier rang dans le christianisme, il ne s'occupait pas de la félicité sociale, du moins directement ; il travaillait au salut individuel, et par là sans doute il contribuait en une certaine mesure à l'amélioration de la communauté ; mais, au vrai, dit-il, la cité de Dieu n'a aucun rapport avec la cité humaine, et il suffit de se rappeler le petit nombre des élus pour voir à quel point divergent les deux conceptions du bonheur, le bonheur chrétien et le bonheur positiviste.

La félicité sociale est donc au premier rang parmi les objets que poursuit la philosophie positive. On pourrait presque dire qu'elle absorbe la félicité individuelle. Elle s'occupe avant tout de promouvoir par tous les moyens possibles le perfectionnement général, intellectuel, moral et matériel ; elle se définit par le devoir de connaître la marche des choses, d'y contribuer par un labeur conscient et attrayant, de faire que chaque génération transmette à la génération qui la suit un héritage augmenté. Elle n'a pas besoin de sanction, dans le sens vulgaire des récompenses et des peines administrées par un juge suprême. Il y a une sanction, néanmoins, mais qui n'est pas sous la dépendance d'un pouvoir personnel et par conséquent arbitraire : elle est remise à une puissance impersonnelle, à savoir l'action progressive du milieu contemporain ; elle change et se développe à mesure que change et se développe ce milieu lui-même. Rien en cela de fortuit, de déréglé ni d'impuissant. La grande masse des hommes obéit, sans résistance, à la moralité régnante ; et ceux qui s'y soustraient ne le font guère impunément. La moralité, comme la science et l'esthétique, est intimement incorporée à la société générale ; elle existe par elle, croît par elle, et en retour exerce sur elle son action bienfaisante. C'est pour cela que les individus ne peuvent rien contre elle, et que sa sanction a un pouvoir non seulement incontestable, mais, en fait, incontesté [1].

---

1. *Théorie positive de la révélation et de la félicité*, chap. xxviii de *Conservation, Révolution, Positivisme*, p. 417-429.

On remarquera dans cette théorie un grand effort pour lier le bonheur de l'individu à celui de la société, pour convertir l'un dans l'autre, un élan imprimé aux sentiments sympathiques pour les exalter. Selon une formule qui plaît à M. Littré et qui met en opposition les trois théories du bonheur où se résume le travail de l'humanité, la rédemption païenne avait un caractère matériel, la rédemption chrétienne avait un caractère de salut individuel, la rédemption positive a un caractère de morale sociale. Le célèbre professeur anglais Huxley, partant de principes analogues, arrive à peu près au même résultat. Ayant à parler du bien suprême qui comprend deux termes, bonheur et moralité, il accorde que l'on fasse une distinction. S'il s'agit du bonheur, on peut entendre celui d'une société ou celui des membres qui la composent. S'il s'agit de moralité, on peut distinguer la moralité sociale, laquelle a pour critérium et pour objet le bonheur de la société, et la moralité personnelle dont le bonheur individuel est le critérium et l'objet. A merveille! Mais quand ensuite il arrive à donner des explications, elles ne portent que sur un seul point, le bonheur social ou la moralité sociale. Dès lors on comprend qu'il ait l'air d'être complètement d'accord avec les idées spiritualistes et qu'il puisse dire :

« Arrive que pourra de nos croyances intellectuelles, de notre éducation même ; les charmes de la sainteté, les laideurs du mal demeureront, pour ceux-là qui ont des yeux pour les voir, non point de simples métaphores, mais des sentiments réels et profonds. »

A plus forte raison entendons-nous Tyndall, beaucoup moins avancé dans le sens des négations que M. Huxley, déclarer que, tout en ayant rejeté les croyances de ses jeunes années, « il n'est aucune des expériences spirituelles qu'il connaissait alors, aucun accomplissement du devoir, aucune œuvre de miséricorde, pas un acte d'abnégation, pas une pensée solennelle, pas une joie dans la vie ou dans les aspects de la nature qu'il ne veuille garder encore. »

Toutes ces aspirations, très respectables en elles-mêmes, sinon très logiques, viennent aboutir à cet hymne de George Eliot, qui les a recueillies dans son âme de poète et qui les exprime avec une sorte de foi exaltée.

Oh! puissé-je m'unir au chœur invisible
De ces morts immortels qui vivent encore,
En des vies que rend meilleures leur présence!
Vivre ainsi, c'est le ciel!..
C'est produire dans le monde une harmonie qui ne meurt pas,
Où respire l'ordre merveilleux qui règle,
Avec un pouvoir grandissant, le progrès de l'humanité.
Puissions-nous recevoir en héritage cette douce pureté,
Pour laquelle nous avons combattu, gémi, agonisé, [poir!
Les yeux perdus dans le vaste passé qui n'enfanta que le déses-
Notre être, ainsi meilleur, vivra, jusqu'à ce que le temps hu-
Ait fermé sa paupière, et que les cieux humains [main
Soient repliés, comme un rouleau, dans la tombe,
Où nul jamais ne les lira. C'est la vie à venir,
Qu'ont rendue pour nous plus glorieuse ces martyrs
Dont nous tâchons de suivre les pas. Puissé-je atteindre
Ces cieux très purs! Être pour d'autres âmes
Le calice de vaillance en quelque grande agonie,
Allumer de généreuses ardeurs, nourrir de pures amours,
Engendrer des sourires exempts de cruauté,
Être la douce présence du bien partout diffus,
Et dans sa diffusion toujours plus intense!
Ainsi je m'unirais à ce chœur invisible
Dont l'harmonie est la joie du monde.

C'est là qu'on peut prendre la plus haute idée que le positivisme se soit faite de la vie, la plus haute, mais aussi la plus vague. En effet, que faut-il chercher sous les formes de ce poème sociologique? C'est une habitude singulière et à certains points de vue fâcheuse chez les sectateurs de ces nouvelles philosophies que de garder l'ancien langage religieux et de le transporter dans un ensemble d'idées auquel il s'étonne d'être adapté. Il résulte de cette adaptation parfois violente que la suite des mots n'est plus qu'une série de métaphores qui doivent être expliquées, si l'on ne veut pas induire en erreur les âmes naïves. Il faut avoir la clef de ce symbolisme pour pénétrer dans la pensée qu'il recèle. M. Littré, vers la fin de sa vie, après avoir été le témoin attristé des abus commis en ce genre par M. Comte, déclarait « qu'il n'était plus aussi disposé qu'il l'était jadis à employer en un sens de philosophie positive les termes consacrés dans le langage des croyants théologiques ». Mais la tendance existe dans l'école, lui-même y a cédé plus d'une fois, et nulle part elle n'a pris plus de développement que dans les effusions poétiques d'Eliot. Qu'y a-t-il donc sous l'expression mystique de ces joies et de ces espérances ? Qu'est-ce que ce *chœur invisible de ces morts immortels*, et comment peut-on *s'unir à eux en des vies que leur présence rend meil-*

leures, et dont on peut dire que *vivre ainsi, c'est le ciel?* Si l'on y regarde sérieusement, tout se réduit à cette idée, que les morts anciens revivent d'une certaine manière, tout imaginaire, par les bienfaits qu'ils ont assurés à leur postérité. Le reste n'est que le développement lyrique de cette même idée. *Cette harmonie qui ne meurt pas, cet ordre merveilleux et toujours grandissant, cette vie à venir que ces martyrs ont rendue plus glorieuse,* cette double perspective étendue *vers le vaste passé qui n'enfanta que le désespoir et vers cet avenir qui nous découvre la joie du monde, ces cieux très purs auxquels aspire toute âme noble,* c'est dans un sens tout réaliste qu'il faut entendre tout cela. « *Les cieux très purs,* dit M. Mallock, ces cieux que les hommes d'une génération doivent avoir en vue, sont un accroissement de joie qu'ils auront assuré, par leur bonne conduite, à la génération à venir. Ainsi le présent, pour les positivistes, est la vie future du passé, la terre est un ciel qui la réalise sans cesse. Il paraît bien que c'est comme un chœur éternel en action : les exécutants sont encore un peu en dehors du ton, mais ils devien-

nent à chaque instant de plus en plus parfaits. En ce moment, un ciel de ce genre existe autour de nous. Notre joie actuelle, dont nous ne nous apercevons guère, eût été le ciel pour nos grands-pères, si elle avait commencé un siècle plus tôt. »
Et l'humoriste anglais ajoute quelques réflexions égayées : « Mais il est clair que cette prétendue musique ne se trouve pas partout. Où donc est-elle alors? Et quand nous l'aurons, méritera-t-elle tous les éloges qu'on lui décerne? On nous indique bien le moyen d'assurer à chaque exécutant sa voix ou son instrument, mais on ne nous dit pas comment avoir de bonnes voix ou de bons instruments ; on ne décide pas non plus si l'orchestre jouera du Beethoven ou de l'Offenbach, si le chœur chantera un psaume de la pénitence ou une chanson à boire[1]. »

C'est ici qu'il serait bon d'appliquer une opération chimique du genre de celle que nous avons déjà indiquée et qui consisterait à éliminer tous les éléments disparates d'origine métaphysique ou religieuse, à écarter toutes ces brillantes

---

1. W. Mallock, p. 42-84.

métaphores qui font illusion, à débarrasser la pensée de cette enveloppe, à la réduire à sa vraie substance. Quelle réalité nue et froide s'offrirait alors à nos yeux! Ce n'est pas la sensibilité qui manque à des positivistes tels que MM. Huxley ou Littré ou George Eliot. C'est, au contraire, leur sensibilité personnelle, ardente sous les glaces de la doctrine, qui projette sa chaleur au dehors. L'idée ramenée à elle-même est bien peu de chose. Comme elle nous paraît pauvre, sèche, d'un réalisme froid, d'une médiocrité désolante, quand elle n'est plus animée par les rêves ou les passions de ces généreux esprits, quand l'analyse la dépouille de ces prestiges que lui confère ou la beauté de reflet empruntée à des idées d'un ordre tout différent, ou le charme souverain de l'éloquence et de la poésie!

Il y a là tout un groupe d'illusions qui persistent dans les principaux représentants des écoles nouvelles. Leur grande prétention est de ne pas enlever à l'homme une seule de ses nobles jouissances et même de les garantir en leur donnant un point d'appui inébranlable dans la réalité. A

les entendre parler, on s'y tromperait facilement.
Ils revendiquent le droit de considérer la moralité comme le but le plus élevé, la fin vers laquelle doit tendre chacun de nos actes. Pour eux comme pour les spiritualistes de toute nuance, elle n'est ce qu'elle est qu'à une condition, c'est qu'avec elle nous pensions avoir les plus hautes raisons de vivre, et que sans elle nous perdions tout. Mais pour se maintenir en accord avec eux, il est prudent de ne pas les contraindre à s'expliquer. Toute explication poussée à bout aurait chance de détruire le charme qui produit ces illusions. Il est aisé de voir à quoi se réduit ce souverain bien, quand on le ramène aux données strictes de la philosophie positive. Elle suppose nécessairement que la vie présente contient en soi la possibilité d'un certain genre de bonheur accessible à tous et supérieur à tous les autres. Ce n'est plus comme dans les doctrines qui se ménagent un crédit illimité sur la justice de Dieu et qui ont à leur disposition le double trésor de l'idéal et de l'éternité. Ici, la fin, par laquelle se détermine le système moral, cette fin, la seule chose qui soit

vraiment digne d'être atteinte, doit l'être dans cette vie et non pas ailleurs. Il faut qu'elle puisse être cherchée dans l'existence présente, sur la surface de la terre, dans les limites de temps où peuvent exister la vie et la conscience, en dehors de toute conception d'un être transcendant, de toute idée ou de toute loi impérative, de toute force supérieure aux forces qui agissent dans ce monde.

En quoi donc peut consister, pour un positiviste logique et conséquent, ce bien suprême qui contient à la fois le secret de notre vie et la règle de toute notre conduite? Les positivistes parlent toujours de la vie comme si le bonheur personnel en devait être le couronnement, et sitôt qu'on leur demande d'expliquer la nature de ce bonheur, ils changent de terrain et nous répondent en exposant les conditions et les lois du bonheur social[1]. Grâce à cette confusion perpétuelle de points de vue, ils peuvent demeurer d'accord en apparence avec le langage de la morale ordinaire, dire que le bien reste toujours le but de

---

1. W. Mallock, p. 43, 52, 104, *passim*.

leurs efforts, la seule fin vraiment désirable de la vie. Mais à quel prix, à quelles conditions l'homme peut-il réaliser ce bien, atteindre cette fin ? Pour cela il ne faut rien moins qu'obtenir de lui qu'il renonce à poursuivre son bonheur individuel, ce qui ne sera pas aisé ; il faut ensuite exalter ses sentiments sympathiques, l'amener à ce point où il fera son bonheur du bonheur d'autrui, ce qui est vraiment héroïque et rare. Voilà des conditions difficiles à remplir, et qui transforment la félicité et la moralité en objets de luxe, hors de la portée et de l'usage du plus grand nombre.

D'ailleurs à quel titre et de quel droit un positiviste voudrait-il imposer à l'homme moderne un acte, ou plus encore, un état de renoncement? Que l'on dise à un disciple de Bouddha : « La vie est triste, elle sera suivie d'un nombre indéterminé d'existences aussi tristes que celle-ci, et le cycle fatal recommencera sans fin jusqu'au jour où tu auras volontairement renoncé à ton être propre, rejeté de ton sein tout désir, germe funeste des vies futures, » on pourra amener ce fataliste de l'extrême Orient, succombant sous le double poids du climat et de la misère, à renoncer sans trop de peine au travail stérile qui agite et accable sa pauvre existence, à s'immoler, à tuer en lui-même jusqu'au désir, à se plonger avec une joie farouche dans la nuit sans conscience du nirvâna, qui n'est pas le néant sans doute, mais l'évanouissement dans l'infini. Que le chrétien, par des considérations toutes contraires, arrive au même résultat, le renoncement volontaire; que sous l'action et la doctrine du Christ qui a aimé les hommes jusqu'à mourir pour eux, il imprime dans son âme cette grande leçon, ce grand exemple; qu'il exalte en lui le sentiment de la justice jusqu'à la charité, la charité jusqu'au dévoûment; qu'il renonce à son bien propre, par amour pour Dieu, ou bien qu'il s'immole à la vie et au bonheur d'autrui, par un motif moins noble assurément, mais énergique, l'espoir et l'idée du salut; que par ces deux motifs très inégaux, mais tous deux puissants, on obtienne du chrétien le sacrifice actuel de sa félicité momentanée, cela se conçoit, cela se voit tous les jours et s'explique sans peine. Enfin que le disciple de Kant, convaincu comme son maître de l'existence du souverain juge et de la nécessité de la sanction, et d'ailleurs pénétré de la sainteté de la loi morale et de son inflexible autorité, prenne la résolution virile d'accomplir tout ce que cette loi exigera et se jure à lui-même de sacrifier ses fins individuelles dans toutes les occasions où elles seraient en opposition avec les fins générales, cela est dans l'ordre, et l'ordre est tellement rigoureux, que l'on a vu des kantistes inquiets de leur conscience, quand ils croyaient saisir un éclair furtif de plaisir personnel se glissant dans leurs déterminations morales. Mais au nom de quelle considération supérieure l'homme nouveau doit-il renoncer à son bonheur personnel, si la foi scientifique règne seule dans le monde, destitué de causes premières et de causes finales, abandonné à la souveraineté des lois physiques? Il y a là deux choses en présence, l'une douteuse et qui d'ailleurs lui est étrangère, en dehors des déductions subtiles dont il n'aperçoit pas clairement le principe et les conséquences, c'est le bonheur général et indéterminé de l'humanité; l'autre claire et manifeste et qui le touche directement, qui l'attire presque irrésistiblement par toutes les séductions, c'est son propre bonheur. Vous voulez qu'il sacrifie le bien certain et qui est à lui, s'il le veut, puisqu'il n'a que la main à étendre pour cela, à un bien lointain, équivoque, indéfinissable dans sa nature, et dont il ne ressentira probablement jamais les effets pour sa part, le bien général! Vous lui demandez trop. C'est une mystification, si c'est un calcul que vous lui suggérez; c'est une superstition, si c'est une obligation que vous lui imposez; dans tous les cas, c'est un métier de dupe que vous voulez qu'il fasse, et s'il a la claire vision de la vie telle qu'elle est, il ne le fera pas. En vérité pourquoi veut-on qu'il le fasse et comment peut-on l'espérer, si un être supérieur ne doit pas lui en savoir gré, si une loi sacrée par son origine ou son caractère ne lui en fait pas un devoir? Entre les deux extrémités de cette vie s'étend un si court intervalle! Va-t-il donc le remplir de la préoccupation obstinée du bonheur des autres? Il a si peu de temps pour penser au sien, tant de peine pour se le procurer, tant d'efforts pour en retenir la rapide et précaire jouissance! Il a déjà bien à faire pour ne pas trop souffrir; un si grand nombre de chances et de risques à courir, d'obstacles à vaincre, de haines à déjouer! Et l'on veut qu'il s'oublie pour travailler au bonheur d'un être abstrait, le genre humain, un être qui n'a pas même d'existence propre, qui n'a ni conscience ni sensation personnelle, qui ne se réalise que par des milliards d'existences successives, semblables à la mienne, pas plus dignes de respect après tout, étant faites des mêmes impressions, des mêmes joies et des mêmes douleurs que mes joies et mes douleurs, avec cette différence que celles-ci sont à moi ou plutôt sont moi-même et que les autres ne me touchent que par l'imagination. Pourquoi donc sacrifier la solide et substantielle réalité à ce qui pourrait n'être qu'un rêve?

Pour obtenir ce renoncement, les positivistes comptent sur les sentiments sympathiques qu'ils essayent de porter à un degré d'intensité et d'énergie où ils seront, nous dit-on, nécessairement victorieux. La sympathie deviendrait ainsi la puissance directrice de tous les autres instincts et la force motrice de la félicité universelle. N'y a-t-il pas là encore bien des illusions? Dans cet ordre d'idées, notre auteur anglais raisonne à merveille. C'est une des bonnes parties de son livre ; j'en analyserai quelques pages, en tâchant de conserver leur saveur originale. — Ces beaux sentiments se trouvent, dans la pratique, bien insuffisants, quand ils ne sont pas soutenus et dirigés eux-mêmes par une idée supérieure à eux, qui leur donne ce qu'ils ne peuvent pas avoir, l'obligation, la cohésion et la durée. Ils sont inégalement distribués entre les hommes, ils agissent d'une façon capricieuse et partiale; il suffit pour les paralyser d'un retour de l'égoïsme, qui est fréquent et avec lequel il faut toujours compter. Nous voyons des exemples d'héroïsme désintéressé se produire chez des hommes grossiers, tout spontanément, dans des naufrages, par exemple. On pourrait croire, à voir cette spontanéité merveilleuse dans le dévouement, que c'est bien la vraie nature de l'homme qui se traduit ici, qu'il y a chez l'homme une force constante de bienveillance et de sympathie que nous apprendrons peu à peu à utiliser, à diriger à coup sûr. Mais que notre optimisme ne s'endorme pas. Voilà que chez les mêmes hommes, dans un autre ordre de faits, l'égoïsme va éclater avec une violence inattendue. Ce matelot, le même qui, hier, exposait ses jours pour sauver une femme à bord d'un bateau prêt à sombrer, la renversera et l'écrasera aujourd'hui pour échapper à l'incendie dans un théâtre. Il faut même reconnaître que c'est la tendance la plus commune que le matelot personnifie dans le dernier cas. Aucun de ceux qui ont étudié l'histoire ne dira le contraire. Les vies des plus grands hommes, les vies mêmes de ceux qui ont été les meilleurs sur cette terre, ne seraient pas des dernières à témoigner de la force persistante et vainement combattue de ces tendances. Quelque large part qu'on accorde aux instincts désintéressés, il faut bien reconnaître qu'ils n'ont en général qu'une puissance très limitée et ne se montrent forts qu'à de rares instants, dans des circonstances exceptionnelles. En *l'absence d'un motif supérieur*, ils prédominent seulement lorsque l'avantage à procurer aux autres se trouve momentanément investi d'une valeur singulière, et que la perte qu'on a soi-même à faire est aussi singulièrement réduite; ou bien encore, lorsque la possibilité de choisir entre deux partis disparaît subitement, pour ne laisser d'autre alternative que l'héroïsme ou la honte. Mais pareille chose n'arrive que dans les événements rares, les grands périls, les grandes catastrophes. Or ce qui mérite réellement de nous occuper, c'est l'état ordinaire de la vie, où les sentiments sont à leur diapason normal. Et dans ce cas, le désintéressement, tout en restant un fait aussi certain que l'égoïsme, se trouve essentiellement au-dessous de la tâche qu'on lui demande; il s'en faut bien qu'il soit une des puissances directrices de la vie.

Voyez ce qui se passe, même chez un homme bien intentionné, quand il s'agit de la comparaison toujours délicate des conditions de son bonheur propre avec celles du bonheur général. Évidemment, si nous pouvons, sans aucun inconvénient pour nous, réprimer tous ces désirs qui, comme le dit M. Huxley, « vont à l'encontre du bien du genre humain, » tous, — presque tous, faudrait-il dire, car il y a encore à faire la part des mauvaises volontés, — tous, nous le ferons volontiers. Mais si la répression de soi-même entraîne de graves difficultés, si elle exige un combat constant, pour nous décider à nous abstenir d'une action, il nous faudra voir clairement que le bonheur qu'elle enlève aux autres dépasse de beaucoup celui qu'elle nous donnerait. « Supposez, par exemple, qu'un homme soit amoureux de la femme de son ami et qu'il ait pris l'engagement de la conduire un soir au théâtre. Évidemment il y renoncera s'il sait qu'en donnant suite à son projet il causera quelque grave accident et fera brûler vifs tous les spectateurs de la galerie. Mais il n'y renoncera sans doute pas pour l'unique raison que son exemple fera baisser un peu le niveau moral par ceux qui occupent les stalles. » On est toujours plus ou moins enclin à tricher à son profit quand on met en balance les deux genres de bonheur qu'il s'agit de peser. Pour ce qui est du bonheur de la communauté, on n'en met qu'une partie dans le plateau, on le *désavantage* autant qu'on peut avant l'opération ; je calcule, par exemple, que ce qui doit augmenter mon plaisir dans la proportion d'un million de livres ne coûtera pas à chaque membre de la société la moitié d'un liard. Me voici dans une alternative très fréquente, au moins si je considère la moyenne de la vie. Je sais, d'un côté, que telle ligne de conduite me procurera de grands avantages; d'autre part, je sais que, si tout le monde suivait cette même ligne de conduite, elle causerait un grand préjudice général; mais je sais aussi qu'en fait ma façon d'agir, dans ce cas particulier, sera à peine nuisible à la communauté, ou ne l'atteindra en tout cas que très légèrement. Aussi mon choix ne se réglera-t-il pas sur celui du matelot qui se dévoue dans le naufrage, parce que l'alternative est là brutale et violente : sauver sa vie aux dépens d'une femme, ou sauver la vie d'une femme en risquant la sienne. Ici il s'agit d'un moindre intérêt, et, par un ingénieux artifice de logique intérieure, la proportion des enjeux est renversée ; ce serait, par exemple, l'alternative très captieuse de laisser cette femme perdre une boucle d'oreille, ce qui est fort léger, ou de me casser, à moi, un bras, ce qui est grave. Voilà comment raisonnera très souvent le trop ingénieux calculateur que nous portons en nous, et le résultat ordinaire de cette double opération d'arithmétique, une addition et une soustraction, c'est que nous choisirons presque certainement de nous épargner à nous-mêmes le plus grand mal, au risque d'un moindre mal pour la communauté. « Il suit de là que les conditions générales d'un bonheur indéterminé forment un idéal absolument impropre à contre-balancer les tentations personnelles, ou même à nous inspirer la volonté requise pour les renoncements que l'on nous demande [1]. »

Il ne paraît donc pas possible de faire de la sympathie exaltée une règle universelle et toujours agissante. C'est une pure utopie que de vouloir gouverner la vie humaine par la sensibilité désintéressée, à moins qu'elle ne s'inspire elle-même dans quelque obligation supérieure qui contienne ses défaillances, qui prévienne ses caprices, qui déjoue ses illusions plus ou moins volontaires, qui fixe ses incertitudes et règle sa perpétuelle inconstance. Tous ces appels éloquents ou ly-

---

1. W. Mallock, p. 69 et suiv.

riques au renoncement et à l'abnégation resteront sans écho et sans réponse auprès de ces âmes médiocres qui sont, après tout, la foule humaine. Si elles ne se sentent pas obligées à la bienveillance, sans la repousser absolument, elles la subordonneront à ce qui leur est plus intime et plus cher, la recherche de leur propre bonheur. Elles resteront fermées, dans l'habitude de la vie, à ces nobles conseils qui ne sont pas et ne peuvent pas être des ordres. Tout cela ne réussit pleinement que pour les belles âmes, qui, précisément, n'en ont pas besoin. Ne trouvent-elles pas en elles-mêmes ces instincts et ces sentiment nés avec elles, fortifiés par la plus délicate culture?

D'ailleurs il faut s'entendre sur ce qu'on nous propose. L'homme moderne est tenu à ne rien accepter sur la foi d'autrui; c'est le précepte de ses maîtres et la première condition de la méthode expérimentale. Il n'aura garde d'abdiquer son droit au raisonnement quand il s'agira de défendre son droit personnel au bonheur. On veut qu'il prenne l'habitude de préférer le bien général au sien. Mais quel est donc ce bien?

Quel en est le caractère et l'objet? Si je me sacrifie, au moins dois-je savoir à qui ou à quoi profitera ce sacrifice. Il n'y aurait rien de plus niais que l'immolation, ne fût-ce que d'un plaisir, d'une sensation, à un mot pompeux, à une chimère. Ce bonheur général qu'on nous met devant les yeux sous des formes magnifiques de langage, me paraît bien n'être que la somme des bonheurs individuels. Si ce n'est que cela, pourquoi m'y subordonner? Mon bonheur vaut celui des autres, et il mérite au moins autant d'égards. — On me dit : Le bien de la communauté n'est pas seulement cela, il est aussi la garantie des biens particuliers : il signifie l'ordre et la discipline d'une société dans laquelle chacun pourra exercer naturellement et librement son aptitude à être heureux. La moralité sociale, à laquelle on nous convie, serait l'ensemble des règles empiriques qu'il faut respecter, des conditions négatives du bonheur, c'est-à-dire des conditions qui empêchent qu'aucun obstacle ne s'élève, dans le milieu social, contre le bonheur de chacun. Soit, mais en présence d'un simple conseil je garde toujours ma liberté d'appréciation et de conduite. Si j'estime que le but que l'on me montre ne vaut pas, au moins pour moi, les moyens employés pour l'atteindre; si je pense que pour une si faible part que je puis apporter à la coopération sociale, je risque de compromettre les biens que je préfère, ma tranquillité, ma sûreté personnelle, l'usage facultatif de mes aptitudes, mes loisirs et mes goûts, qui donc pourrait raisonnablement s'opposer à mon calcul, me forcer à sortir de ma retraite, suffisamment protégée, et à me jeter dans la mêlée? On prétend que je calcule mal, que je serai victime de mon égoïsme, que par la coopération sociale je me rends service à moi-même, et qu'en définitive c'est moi-même que je trahis si je la trahis. Je n'en suis pas aussi sûr que cela. J'estime que l'état de civilisation où je suis et où sont la plupart des hommes est un état supportable, qu'on y peut vivre à sa guise en ne pensant qu'à soi, et je me dispenserai d'aller chercher ailleurs une fortune meilleure, mais incertaine, dont je ne puis prévoir ni les caprices ni les orages. Au point de vue du raisonnement expérimental, que peut-on bien me répondre? Il est possible que je me trompe, mais qui me le prouvera ? S'il s'agit uniquement de mon bonheur, qui donc a le droit de l'entendre mieux que moi ?

On nous dit, il est vrai, qu'il n'y a rien d'arbitraire dans les règles empiriques du bien social auxquelles on veut nous astreindre ; que ces règles, bien que formées par l'expérience, sont des lois véritables ; qu'elles expriment la nécessité de certains faits généraux et traduisent non des conceptions arbitraires de l'esprit, mais des fatalités de la nature. Contrairement à ce que font les platoniciens, les spiritualistes et les rêveurs, ce n'est pas la politique que l'on fait dépendre de la morale, c'est la morale dont on fait une dépendance de la politique. Ainsi le veut la science nouvelle, la science maîtresse des faits humains, la sociologie. Les maîtres de cette science nous déclarent que la société humaine est une chose concrète et vivante, du même ordre que les sociétés animales. Or, dans les sociétés animales, l'action bonne est simplement l'action conforme aux lois organiques du groupe considéré comme être vivant ; donc la morale humaine doit avoir aussi son principe dans les conditions d'existence du groupe social. Ces conditions étant autres qu'elles sont, venant à changer avec le climat ou les circonstances historiques, la morale changerait en même temps. Elle est en soi chose relative, bien que nécessaire momentanément dans son rapport avec les conditions actuelles d'existence du groupe; elle est devenue sacrée comme sauvegarde des intérêts communs. Son vrai nom serait l'hygiène sociale.

C'est bien là l'origine et le caractère des lois dans la cité rêvée par les positivistes. Elles impliquent la négation de l'unité morale de l'espèce humaine et la prédominance du point de vue historique ou local. Elles reflètent, non plus l'essence de l'humanité, constante à elle-même sous des formes diverses, mais bien la multiplicité et la diversité infinie des intérêts des groupes nés et répartis sur les différents points du globe, que rattachent vaguement entre eux non pas une identité de nature, donnant naissance aux mêmes devoirs et aux mêmes droits, mais le hasard des analogies anatomiques et la coïncidence approximative de leur avènement au même point d'évolution dans l'ascension des formes animales. En même temps, il est trop clair que sur chacune de ces règles empiriques, qu'on nous donne pour des lois sociales, le droit de discussion est ouvert. Qu'y a-t-il de plus sujet aux interprétations diverses que ces prétendues conditions d'existence de tel ou tel groupe et les lois qui les expriment? Rappelons-nous ce critique hardi qui demandait l'autre jour, à la tribune de la Chambre des députés, laquelle des croyances laïques qui constituent la morale pourrait échapper à la discussion et au péril d'être niée par la raison. « Il y a, disait-il, des institutions sociales qu'on fait bien de respecter tant qu'elles sont du goût de la majorité, mais elles ne constituent nullement une réunion de principes indiscutables; » c'est un ensemble de règles empiriques, réussissant ici, ne réussissant pas là, dépendant de tel ou tel état social, de tel ou tel degré de latitude, et par conséquent toujours soumises à l'examen, pouvant être changées aussi facilement qu'une loi de douane par un coup de suffrage, quand elles cesseront d'agréer à un groupe qui n'y reconnaît plus les signes de l'utilité sociale. L'animal subit ces conditions d'existence, ces lois spécifiques, mais il les subit sans les comprendre, et par conséquent il n'y a pas de péril qu'il les discute; l'homme arrivé par une longue évolution au degré d'intelligence actuelle, éclairé sur l'humilité de ses origines probables, ne sera plus dupe du mystère qui enveloppait pour ses ancêtres le principe et la naissance de ces lois. Il n'y verra que des habitudes héréditaires, contractées pendant de longues générations, et dès lors que l'analyse les aura réduites à un fait naturel ou à des associations d'idées qui peuvent être tout aussi bien des associations de préjugés, ces lois perdront du même coup leur autorité. Il n'est pas exact de dire, comme le font les positivistes, qu'elles n'en seront pas moins sacrées, à ce seul titre qu'elles sont la sauvegarde des intérêts communs, car les intérêts changent avec le temps, et l'utilité de certaines conditions empiriques peut toujours être remise en question. L'évolution le veut ainsi, et n'est-elle pas la maîtresse de la morale au même titre qu'elle l'est de la nature et de l'histoire?

Aussi rien de plus difficile à expliquer que la formation, ou, comme on dit en ce temps où l'on aime à amplifier les mots en diminuant les idées, la *genèse* d'une conscience positiviste, c'est-à-dire d'une conscience où il n'entre absolument aucune inspiration, aucune réminiscence du passé, d'une conscience placée en dehors de toute espèce d'idée ou de loi supérieure à l'homme. Que sera cette conscience, et comment pourra-t-elle être dans la rigueur des mots une conscience morale, si elle se constitue sans aucune loi qui la domine, si elle répudie tout commandement catégorique, si elle écarte toute autorité qui puisse éclairer ses incertitudes, briser ses résistances ou condamner ses révoltes? Comment cette conscience pourra-t-elle se lier elle-même, s'obliger? En vertu de quelle nécessité physique ou de quelle induction expérimentale, puisqu'on exclut toute nécessité rationnelle ou toute obligation morale en dehors et au-dessus de l'homme?

Il n'y a pas d'erreur plus répandue que celle-ci, qui l'autre jour encore trouvait des interprètes dans nos chambres, où j'aime à recueillir l'écho plus ou moins fidèle des controverses contemporaines. On soutenait que, s'il y a des divergences entre les hommes sur les questions religieuses et métaphysiques, les mêmes divergences n'existent pas relativement au juste et à l'injuste, au bien et au mal. — « Tous les hommes, disait-on, sont unis dans cette communion morale du devoir qui consiste à proclamer l'existence du droit comme obligatoire pour tous ; et ceux-là mêmes qui violent la justice, l'affirment encore ; si bien que les voleurs parlent de probité et les parjures de bonne foi, et ainsi tous rendent hommage à la conscience qui les unit[1]. » De pareilles assertions m'étonnent. Où donc a-t-on pu constater cette « communion morale » de tous les hommes dans le devoir et dans le droit? C'était bon avant l'ère du positivisme, quand la généralité des hommes, divisés ailleurs, s'accordait sur les principes de la morale, sans regarder de trop près à l'origine de ces principes. Aujourd'hui que l'analyse s'est portée de ce côté, il n'y

---

1. *Discussion sur le serment judiciaire*, séance du 22 juin 1882.

a plus d'illusion à se faire sur cette prétendue unanimité morale. Dans le fait il est possible que l'accord apparent se maintienne longtemps par la force de l'habitude et de la tradition. Théoriquement, cet accord est détruit. Il l'est depuis le jour où l'on a discuté les bases de cet accord au nom de l'expérience positive. Le législateur optimiste dont nous citons l'opinion n'avait-il donc pas entendu la redoutable voix qui, quelques jours auparavant, dans la même enceinte, demandait si, en dehors du goût de la majorité et de ses arrêts, toujours révocables, il y avait une seule loi morale qui tînt debout, si par exemple il y avait une base sérieuse à l'institution de la monogamie? Et cependant s'il y a une institution où le devoir et le droit soient directement intéressés, le devoir de l'homme étant de garantir le droit de la femme et sa personnalité, c'est évidemment celle-là. — Où donc, en dehors d'une loi supérieure, trouvera-t-on ce lien des consciences qui les empêche de se disperser dans les fantaisies particulières ou dans les libres utopies? Mais cette loi supérieure, c'est déjà ou de la métaphysique ou de la religion, et l'on ne veut ni de l'une ni de l'autre. — On nous parle, il est vrai, de l'honneur, de la dignité. Je reconnais quelle est la force pratique de ces sentiments; mais tout cela implique un autre ordre d'idées que celles qui tombent sous le coup de l'expérience sensible et des inductions qui en dépendent. L'honneur est un sentiment très énergique et très complexe, dont on a pu dire qu'il était la conscience exaltée du devoir; si le devoir est atteint dans ses sources supérieures, l'honneur n'y survivra pas. Quant à la dignité humaine que l'on invoque, c'est par elle que se traduit et s'exprime en traits délicats et fiers le sentiment que nous avons de l'excellence de la nature humaine. C'est un sentiment d'origine spiritualiste, et à ce titre il mérite d'être suspect aux yeux des logiciens de l'école. Pour toutes ces raisons, il paraît bien que la conscience n'est plus que la dernière illusion de la métaphysique expirante, ou même, comme on l'a dit énergiquement, « le dernier spectre de la religion évanouie. »

Et voyez les contradictions où se jouent la nature et l'humanité. Tout ce que nous disons là est rigoureusement déduit; au point de vue de la logique pure, nous étions évidemment en droit de le dire. Mais, dans le fait, de célèbres positivistes ont pratiqué les règles, les délicatesses mêmes et les scrupules de cette conscience morale qui théoriquement n'existe plus, ne devrait plus exister. Car c'est ne plus exister pour elle que de dépendre d'un instinct qui n'a aucune règle, qui n'a rien d'universel, qui peut se démentir d'un instant à l'autre, qui ne se révèle que par une émotion fugitive, qui a bien de la peine à soulever par moments le poids de l'égoïsme, et auquel des conseils purement humains, des inductions plus ou moins arbitraires ne peuvent conférer un caractère certain ni d'obligation ni de durée. Heureusement la source inconnue n'est pas tarie d'où sortent les belles et bonnes âmes; elles naissent ici et là, souvent en contradiction flagrante avec les systèmes qu'elles doivent inaugurer dans le monde, et ce sont ces âmes-là qui sauvent l'humanité de la logique.

III

En dehors même de cette grave question de la moralité privée et du bonheur, que les positivistes font rentrer dans l'hygiène sociale, il n'est pas douteux que, le jour plus ou moins prochain où la doctrine nouvelle se sera emparée du fond de l'âme humaine, elle affaiblira dans une forte proportion plusieurs de nos plus précieux mobiles d'action. Serait-il possible, en effet, qu'une si complète expropriation de nos idées et de nos sentiments les plus invétérés n'eût pas une grande influence sur notre manière de vivre et même sur nos motifs de vivre? Que de changements sont à prévoir dans nos habitudes d'esprit quand cette révolution intellectuelle sera un fait accompli!

Il semble, au premier abord, que ce genre de questions n'existe pas pour les trois quarts des hommes. Très peu y pensent, très peu y ont pensé. La foule humaine paraît vivre, au jour le jour, sans se soucier de ce qu'est la vie, de ce qu'elle vaut, la prenant comme elle vient, en souffrant sans la maudire, facile à distraire, se contentant des joies médiocres qui traversent le cours de ses journées, sans grand bonheur et aussi sans grand malheur, sauf ceux qui dépendent du train de la nature. Combien d'hommes engagés ainsi dans une sorte d'existence routinière faite d'insouciance et d'oubli! Et, malgré cela, si vulgaires que soient ces destinées, bornées par quelques arpents dans l'espace et par quelques idées élémentaires dans l'ordre de l'esprit, si l'on y regardait de près, on découvrirait qu'ils ont eu presque tous un culte pour quelque chose, pour une réalité ou un rêve, pour une grande espérance ou une chimère. Ils ont eu un éveil de sensibilité plus ou moins éclairée, soit pour la religion, soit pour l'art, fût-ce sous des formes élémentaires, soit pour la nature, soit pour l'amitié. Il est tombé sur eux, on ne sait d'où, un rayon qui a coloré quelque saison de leur vie et jeté sur quelque point de cette surface terne une lueur par laquelle leur existence entière a été éclairée et honorée. C'est là un des traits propres à l'homme et qui le distinguent profondément de l'animal, quand même on le supposerait né autrefois sur le même degré de l'échelle des organismes. L'animal n'a jamais le rayon; l'homme même médiocre sent vaguement l'obligation de cultiver en lui autre chose que la vie instinctive ou, ce qui revient au même, le remords de ne l'avoir pas fait. Un très petit nombre s'élève jusqu'à la culture de la vie raisonnable. Mais beaucoup cèdent, ne fût-ce qu'un instant, à quelque attrait supérieur qu'ils ne savent pas définir, qui les ravit momentanément à leur humilité ou à leur misère, au-dessus d'eux-mêmes et du milieu vulgaire où le sort les a jetés, et qui fait briller quelques heures privilégiées sur le fond obscur de cette destinée.

Ce qui est vrai même des existences les plus ordinaires, à plus forte raison l'est-il dans une sphère plus élevée. Il n'est pas question ici, qu'on le remarque bien, de conditions sociales. Cette élévation ou cette médiocrité de l'existence ne se mesure pas sur le hasard de la naissance. Ce qui la mesure, c'est la dignité de l'esprit. Or plus nous montons dans cette hiérarchie des âmes, la seule qui compte, plus nous voyons se manifester cette aspiration à sortir de la vie élémentaire, à décorer son existence de quelque noble souci, à entrer dans la région des joies désintéressées. Ce sont de tels objets qui sont les vrais buts de la vie, les vraies fins qui l'excusent et l'absolvent, celles qui lui donnent son prix et font d'elle autre chose qu'une insignifiante succession de jours et de sensations vulgaires. Or qu'adviendra-t-il de ces *causæ vivendi*, comme les appelle Juvénal, de ces admirables raisons de vivre, si nous les plaçons en regard du positivisme? Demandons-nous s'il n'y sera pas porté quelque atteinte quand la philosophie nouvelle aura triomphé des dernières résistances et des dernières illusions. Ce jour-là, l'existence humaine étant ramenée à une série de phénomènes d'ordre biologique, le monde étant réduit à un système mécanique de mouvements, et de combinaisons de mouvements, tout *au-delà* étant supprimé ou écarté de la pensée comme une tentation funeste, n'y aura-t-il pas à craindre qu'il ne se produise un froid mortel dans les âmes, une nuit dans les intelligences, un grand découragement dans les plus nobles ardeurs? Il me semble qu'on aurait alors à regretter quelque chose comme une disparition de cette dernière lueur d'idéal qui donne le goût et la force de vivre, quelque chose comme la décoloration de la vie.

Un des traits de la crise actuelle, c'est le contraste entre certaines exigences éternelles de l'esprit humain et le besoin intense qu'aujourd'hui il éprouve de se rendre compte de tout. Sous l'action de cet instinct, comme on l'a remarqué, l'homme a beaucoup perdu de son ancienne spontanéité; il est devenu un être inquiet, ombrageux, qui ne veut plus être dupe, qui a besoin de regarder en avant et en arrière ; son caractère primitif de décision intellectuelle et de détermination pratique a faibli singulièrement sous l'influence de la réflexion. « On n'admet plus rien à présent sans en savoir le pourquoi, et l'on a appris à démonter, rouage par rouage, tous les motifs de nos actions. Non seulement nous savons davantage, mais nous ne cessons de ruminer nos connaissances. » Ainsi, la critique moderne se vante d'avoir ramené toutes les religions à de simples idéalismes créés par l'homme; elle admet volontiers qu'en cette qualité et malgré ce vice d'origine, elles ont exercé une grande influence, mais cette influence va disparaître sous la lumière croissante de l'analyse. En revanche et par compensation, on nous promet que l'humanité se construira dans l'avenir de nouveaux idéalismes avec cette seule différence, que nous saurons alors ce qu'ils valent et que nous ne serons plus les dupes de leur valeur purement subjective. — Il y a là une méprise singulière chez les penseurs qui, de près ou de loin, participent au mouvement de la philosophie positive; ils oublient que l'idéalisme qui a exercé son action sur un peuple l'a obtenue par cela même qu'on y voyait autre chose et qu'on le prenait pour un fait très réel. Tout changera sitôt qu'on lui attribuera une autre nature ou qu'on le dépouillera de sa réalité. Il n'y a pas dans l'histoire un seul exemple qui nous montre les hommes enchaînés et assujettis ou même sérieusement affectés par un idéalisme reconnu comme purement imaginaire. « L'enfant a peur quand sa nourrice lui dit qu'un homme noir va descendre par la cheminée pour l'emporter. L'homme noir n'est qu'un idéal sans doute, et pourtant l'enfant est affecté. Mais il cesserait de l'être du moment où il saurait à quoi s'en tenir[1]. »

C'est pourtant une chose singulière que jamais on ne nous ait autant parlé de l'idéal que depuis que l'on a ravi à l'esprit humain les réalités invisibles et supérieures que ce nom résumait pour lui, l'ordre des idées et des essences éternelles, le monde des types conçus par une raison supérieure, l'existence et la perfection divines. On a fait le vide au-dessus de nos têtes ; on a brisé l'ancre qu'un célèbre orateur nous exhortait un jour « à jeter en haut » ; on a détruit toutes les formes austères ou charmantes où nos croyances étaient attachées. On a fermé le ciel, — aussi bien le ciel intelligible de la pensée pure que le ciel théologique. Dès lors, il est assez clair que nous ne sommes plus que des « apparitions éphémères, flottant à la surface

---

1. W. Mallock, p. 35 et suiv.

de l'illusion infinie », ou plutôt, pour parler un langage scientifique, des *états de conscience momentanés*, éclos au point de jonction de certaines forces physiques et chimiques, infaillibles et déterminées. Qu'est-ce donc que cette dernière idole que l'on nous propose dans cette ruine de tout le reste et que l'on abandonne comme une suprême ressource à notre adoration désabusée? Peut-elle nous satisfaire et nous consoler de ce que nous avons perdu ?

On croirait volontiers, à entendre le bruit qui s'en fait autour de nous, que l'idéal règne aujourd'hui sur un grand nombre d'âmes qui ont rejeté hors d'elles toute autre foi; mais il règne sur elles en les trompant, et la poésie de ce noble culte, survivant à tous les autres, repose tout entière sur une illusion qui n'est pas autre chose que le reflet prolongé des réalités disparues, reflet persistant par une sorte d'incompréhensible mirage. Ce reflet lui-même disparaîtra à son tour quand l'homme sera tout à fait persuadé qu'il n'y a autour de lui, au-dessus de lui, devant lui, rien de plus que le jeu éternel des forces aveugles. Que serait en effet cet idéal dans la méthode rigoureuse de l'école? D'où pourrait-il bien sortir, sinon d'un travail tout personnel de l'esprit, qui le crée et l'élabore sans aucune règle, sans aucun principe objectif, sans aucune autre raison de choix que sa fantaisie? C'est de l'imaginaire pur, c'est de l'arbitraire ; chacun l'engendre dans sa conscience, le façonne à son goût, l'épure ou l'élargit à sa mesure. C'est l'esprit de chacun qui s'adore complaisamment dans cette image abstraite de lui-même. Voilà ce qu'il faut bien voir, voilà ce qu'il faut nettement montrer à cette foule intelligente, mais irréfléchie, si facilement dupe des mots, si prompte aux illusions agréables, qui se console des réalités perdues en se réfugiant dans ce dernier rêve et s'enchante de la beauté du nom, qu'elle prend pour une idée, ne s'apercevant pas que ce nom ne sert qu'à dissimuler ou bien un reste inavoué de superstition spiritualiste ou le néant même de toute pensée, et à ménager ainsi un dernier culte, le plus vague et le plus invraisemblable de tous, à ceux qui n'en ont plus.

Passons en revue quelques-unes des formes sous lesquelles se traduit ce culte de l'idéal, et voyons si, au point de vue de la logique nouvelle, aucune de ces formes a le droit de se maintenir aussi haut dans l'estime et l'admiration des hommes, si elles méritent que tant de belles activités s'y dévouent, que tant de laborieuses existences s'y consacrent et qu'on s'épuise ainsi à poursuivre des fins si vaguement entrevues, sitôt évanouies, bien peu consistantes et parfois même entièrement mensongères. Que dire, par exemple, de ce qui nous paraît être un des buts les plus nobles de la vie, le dévouement à la science? Certes nous applaudissons de grand cœur quand on célèbre en un beau langage ces intelligences courageuses, ces volontés passionnées qui devant nos yeux ont construit pierre par pierre l'édifice d'une science colossale, qui ont vécu presque uniquement pour satisfaire leur ardent besoin de vérité, qui ont poussé le travail jusqu'à l'héroïsme et par là mérité d'être à leur jour « une des consciences les plus complètes de l'univers ». Nous aimons qu'on nous dise que la haute vie de tels hommes « les a mis en rapport avec l'esprit éternel qui agit et se continue à travers les siècles ». Mais à quelle condition ce langage nous émeut-il? C'est qu'il soit aussi exact qu'il est beau, c'est que le besoin de vérité ne soit pas une agitation sans but et une poursuite dans le vide, c'est qu'il y ait en réalité, non par hypothèse ou par métaphore, un esprit éternel à l'œuvre duquel le savant puisse s'associer par la pensée, c'est qu'il y ait dans l'univers un système d'idées qui devienne l'objet réel des contemplations de notre raison; quelque chose, en un mot, d'éternel en dehors de l'homme qui puisse être pensé dans l'homme sous la forme de l'éternité, *sub specie æternitatis*, comme disait Spinoza. Mais qu'arrivera-t-il si l'analyse impitoyable vient nous démontrer que les formes les plus hautes de la science, celles qui dépassent la sphère de l'expérience sensible, sont de pures chimères, que l'inconnaissable nous borne et nous arrête de tout côté, que là où la vérification positive s'arrête, là aussi s'arrête le droit de l'esprit humain, toujours sollicité par des visions et toujours écarté par des mains implacables? Du même coup, on retranche à la pensée ses plus belles ambitions, ses plus nobles audaces, on la déshabitue de ces hypothèses qui sont comme des coups d'état de l'homme sur l'inconnu. On pourrait dire qu'à la rigueur et logiquement ces puissantes et vastes conjectures, qui ne sont souvent que de grandes pensées invérifiables, n'ont pas le droit d'exister, et que l'esprit humain devrait résolument sacrifier en lui cette haute volupté scientifique des intuitions qui dépassent le contrôle et sont irréductibles à la formule prouvée.

On étale devant nous les immensités ouvertes à nos regards ou à nos calculs; on nous montre la réalité dans toute sa grandeur. « Nos regards se promènent sans obstacle et sans limite jusqu'aux confins où les plus brillants soleils ne sont plus qu'une faible lueur au delà de laquelle on peut rêver tout ce que l'on veut. » Mais qu'est-ce que toute cette immensité matérielle dont les limites reculent devant nous, et qu'importe qu'elle soit telle si elle est vide pour nous, si elle ne porte nulle part l'empreinte d'une intelligence? Il y a plus de grandeur dans la pensée du savant qui a mesuré la distance d'une étoile, pesé dans sa balance le poids de ce soleil et analysé la poussière d'éléments qui le composent que dans cet infini cosmique qui fuit devant notre imagination inutilement fatiguée à le poursuivre. Derrière ces grands spectacles, Linné voyait passer l'ombre de Dieu. Mais si cette ombre même a disparu sans retour, que restera-t-il que des espaces sans fin et des océans d'éther? qu'y a-t-il là autre chose, sous des formes nouvelles, que le vieil atomisme d'Épicure? Certes il est curieux d'assister par la pensée au développement des choses, à l'évolution des phénomènes, à la formation des mondes, à l'éclosion de la vie, à la succession étonnante des formes de la vie, si tout cela traduit une pensée, exprime un plan, contient et révèle un avenir. Mais quoi! si c'est là, comme disaient les Grecs, une série d'épisodes sans lien, une histoire sans plan, un poème sans unité, si les commencements sont inexplicables et les dénouements incompréhensibles, si une force aveugle a fait surgir cette fantasmagorie, à un moment donné, de l'éternité muette et doit la replonger à un autre moment dans le chaos informe, si le Hasard, c'est-à-dire une nécessité sans but, a produit le monde, et si un autre hasard doit y mettre un terme, à quoi bon s'épuiser à poursuivre le secret de ces combinaisons étrangères à l'ordre de la pensée? Nous dirons, non plus comme ces Grecs que nous citions tout à l'heure : Ζεὺς παίζει, mais : Φύσις παίζει : La Nature joue et se joue de nous.

On nous dit : la vérité est sacrée. Oui sans doute, mais pourquoi et dans quel sens l'est-elle? Elle l'est parce que nous la rapportons à quelque chose d'auguste et d'éternel, parce qu'elle exprime pour nous quelque chose de la souveraine raison. Arriver au vrai, dit M. Mallock en quelques pages que j'abrège, cela signifie qu'on se met en rapport avec cette existence infinie qui nous enveloppe et nous soutient. Si nous avons de suprêmes devoirs envers la vérité, c'est qu'alors, dans l'infini qui n'est pas nous, quelque chose correspond à ce quelque chose qui est en nous, qui est la plus forte et la plus haute partie de nous-mêmes. Toutes les épithètes morales de sublime, d'auguste, de sacré, n'ont absolument aucune signification que si on les applique à des êtres conscients; mais, au point de vue de la critique positive, il n'y a pas de conscience dans l'univers en dehors de la terre. On peut opposer le même argument à tous ceux qui se refusent à reconnaître nettement un *Esprit* ou une *Pensée* à l'origine des choses. Nous recueillons avec émotion les aveux qui échappent à la piété scientifique de Tyndall lorsqu'il nous dit, dans une sorte d'hymne inspiré, qu'aux heures d'énergie, de vigueur et de santé, où s'arrête le cours de l'action, où la réflexion prend place en nous, l'investigateur scientifique se sent enveloppé lui-même dans l'ombre d'une terreur sacrée. Elle le soustrait au contact absorbant des détails de la terre et l'associe à la puissance qui donne à son existence tout son nerf et toute sa plénitude, sans qu'il puisse ni la comprendre ni l'analyser... Il y a là, ajoute le savant anglais, une sorte de *divine communion*. A merveille; mais nous cessons de suivre le célèbre docteur quand il déclare que « c'est avec la nature qu'il entre en communion divine, que la nature est en même temps spoliée et profanée par les gratuites assertions du théisme... Quand j'essaye, dit-il, de donner au pouvoir dont je vois les manifestations dans l'univers une forme objective personnelle ou autre, il m'échappe et refuse de se laisser toucher par mon intelligence. Je n'oserais autrement qu'en poésie me servir à son égard du pronom *Lui*. Je n'ose l'appeler un *Esprit*. Je refuse même de l'appeler une *Cause*. Son mystère me couvre de son ombre, mais demeure un mystère, et les formes objectives que d'autres essayent de lui approprier ne font que le travestir et le profaner[1]. » Mais alors qu'est-ce donc que cette *divine communion* dont il nous parlait tout à l'heure? C'est un mot absolument vide de sens.

Il ne peut y avoir de communion ni entre deux objets matériels, ni entre un homme vivant et un corps inanimé, ni entre un esprit et une chose. La communion implique des deux côtés l'existence de quelque chose de commun Or que peut-il y avoir de commun entre le docteur Tyndall et les cieux étoilés? Parler de communion avec la nature, quand on est plus ou moins positiviste, « c'est tout aussi rationnel

---

1. J. Tyndall, *Materialism and its opponents*.

que de parler de communion avec une machine à vapeur ». Il n'y a que deux points de vue où l'homme puisse se comparer au reste de la nature, c'est d'abord parce qu'elle se révèle comme une force, et ensuite que cette force obéit à des lois. Mais la force qui se révèle dans les étoiles, par exemple, est immense, la sienne est petite; en revanche, lui qui les considère est un agent qui se détermine par lui-même, tandis qu'il n'y a rien de tel dans les étoiles. Il n'existe donc entre ces deux termes que deux points de comparaison, et c'est à deux traits de contraste et non de ressemblance que la comparaison aboutit. Il est bien vrai qu'un sentiment de terreur et de silencieuse solennité se dégage du spectacle de cet amas de soleils et de monde qui germent dans les cieux comme l'herbe dans les prairies; il est bien vrai qu'une émotion spontanée met ce sentiment en rapport avec les profondeurs de notre être moral. Mais, dans la rigueur de la logique il n'y a là qu'une impression, et rien de plus. Elle ne signifie rien; aucun fait objectif n'y correspond. C'est une illusion, une *tromperie pathetique*.

Ce n'est que grâce à des métaphores continuelles que les positivistes peuvent transférer à la nature en général les qualités qui, en tant qu'ils les connaissent, sont particulières à la nature humaine et n'appartiennent qu'à elle. Si l'on s'en tient à leurs principes, « il n'y a pas plus de sens à dire que l'univers est sacré qu'à dire que la lune parle français. » Toutes ces adorations par lesquelles s'achèvent les recherches des savants, si l'on en écarte la notion d'une cause intelligente, ne peuvent être que le résultat d'une fantaisie sans règle ou l'acte d'une foi surprise et momentanément hallucinée. En elle-même et prise en dehors de ce point de vue supérieur où les scandales apparents se pacifient, où les contradictions extérieures se réconcilient, la nature est cruelle, mauvaise, inexplicable ; elle est une détestable maîtresse de morale. Si nous nous en tenons au point de vue positiviste, selon lequel elle est le dernier terme assignable, le dernier principe de la connaissance, elle n'a le droit de prétendre ni à notre respect ni à notre approbation. A force de fantaisie et de mysticisme mêlés, on a fait d'elle une sorte de grand hiéroglyphe. Mais qu'on lui applique seulement une des règles de la moralité humaine, le grand hiéroglyphe, comme l'a si puissamment montré J. Stuart Mill, devient un monstre. Il n'est pas de crime qui ne soit tous les jours commis par la nature ; elle ignore tout sentiment de justice ou de pitié; ses tendresses illusoires et sa bienfaisance se tournent à chaque instant en perfidie; elle est indifférente ou traîtresse. « Tantôt elle joue le rôle de l'avarice, tantôt celui de la prodigalité ; elle offre ici une pureté sublime, ailleurs une corruption révoltante, et, s'il faut la juger d'après un type moral, ses capacités admirables ne font qu'ajouter à l'horreur de ses crimes. Comment donc y aurait-il quelque chose de noble et de sacré dans l'intimité de cette grande criminelle[1] ? »

Et voyez comme elle s'intéresse à ceux qui la servent avec passion, à ceux qui l'ont le plus aimée. Voici un savant qui, sur quatre-vingts ans de sa vie, en a dévoué plus de soixante à ce culte ardent du vrai, à la poursuite de la nature

---

1. W. Mallock, p. 155-165.

dans toutes ses retraites et ses mystères; il a vécu plus que tout autre « dans cette communion divine », dont nous parle Tyndall. « Il a subordonné à cette passion maîtresse tous les mobiles inférieurs de la vie, l'intérêt, les jouissances, le plaisir. La fin d'une si belle vie aurait dû être calme, douce et consolée; mais cette marâtre nature qui récompense si mal ici-bas ce qu'on fait pour coopérer à ses fins, montra en ce qui le concerne sa noire ingratitude. Les dernières années de M. Littré furent remplies par de cruelles souffrances[1]. » Et pourquoi l'éloquent écrivain qui nous fait entendre cette plainte s'étonnerait-il de cette dureté de la nature? A coup sûr, M. Littré, en vrai positiviste, ne s'en serait ni étonné ni scandalisé. Il savait que la nature ne punit et ne récompense personne; impassible, elle déroule autour de nous l'ordre fatal de ses phénomènes; elle développe devant nous ses mondes et ses soleils, sans se soucier de nous qu'elle ne connaît pas. Comment aurait-elle quelque tendresse pour ceux qui coopèrent

---

[1]. Discours de M. Renan à la séance de réception de M. Pasteur

à ses fins, puisqu'elle-même, si elle a des fins, les poursuit en aveugle et les ignore éternellement? Supposer même qu'elle a des fins, n'est-ce pas déjà sortir de la règle et des conditions de la doctrine?

Il semble bien que, si les positivistes étaient conséquents avec eux-mêmes, ils reconnaîtraient la vanité de cette poursuite du vrai, qui ne peut jamais être pour eux qu'un vrai relatif et momentané, l'ordre actuel des phénomènes n'ayant rien de stable et devant subir un jour, comme toutes les autres combinaisons de figures et de mouvements, une désagrégation totale, une dissolution d'où peut-être sortira un autre univers qui ne sera en rien semblable à celui-ci, où ni la vie ni la pensée ne pourront éclore, et peut-être aussi un chaos suprême, dernier terme possible des choses comme il en a été la première origine. Ni la science ni la nature, qui en est l'objet, ne sont plus choses éternelles. Tout cela passera, tout cela n'est qu'une halte entre deux infinis impénétrables ; la nature, un moment où la vie a surgi comme un accident heureux ; la science, un moment où la vie a produit la pensée qui a brillé comme une flamme entre l'obscurité profonde d'hier et celle de demain. Peut-on croire que l'homme éclairé sur la fragilité de ce qu'il croyait éternel, donnera follement le temps si rapide de son existence, ses jours et ses nuits si étroitement mesurés, à la conquête de quelque chose qui ne doit pas durer? Sauf ce qui, dans la science, intéresse directement son bien-être et l'amélioration de son séjour sur la terre, que lui fera le reste, c'est-à-dire la science pure? Par quoi les grandes spéculations, dans leur inutilité superbe, pourront-elles désormais émouvoir son esprit, absorber sa volonté et ses forces? Dans les travaux supérieurs de l'homme, dans toutes ses pensées élevées, il entre l'espoir ou la chimère de quelque chose d'éternel ou d'infini.

Une dernière croyance subsiste, c'est la foi dans l'œuvre même de l'humanité, la civilisation, le progrès. A coup sûr, personne n'a éprouvé plus profondément le religieux amour de l'humanité que le fondateur du positivisme et son successeur. Elles sont de M. Littré, ces belles paroles inscrites dans son Testament philosophique :

« Déjà du sein de la vie individuelle, il est permis de s'associer à cet avenir, de travailler à le préparer, de devenir ainsi, par la pensée et par le cœur, membre de la société éternelle, et de trouver en cette association profonde, malgré les anarchies contemporaines et les découragements, la foi qui soutient, l'ardeur qui vivifie, et l'intime satisfaction de se confondre sciemment avec cette grande existence, satisfaction qui est le terme de la béatitude humaine. » J'écoute et j'admire, mais je me demande si ce sont là des espérances bien solides, durables, à l'usage, non pas seulement de quelques âmes d'élite, mais de tous les hommes, qui tous sont appelés également au partage du dernier idéal qu'on leur laisse encore. Nous rencontrons ici le même genre d'illusions que nous avons déjà combattues à propos de la théorie du bonheur.

Cette participation au sort futur des générations dont plusieurs siècles les séparent, cette fusion volontaire et consciente de soi-même avec la grande existence dont nous sommes une partie infinitésimale, vouée à une apparition si rapide et à une disparition éternelle, est-ce donc pour les hommes un prix suffisant des fatigues et des souffrances qu'ils doivent accepter comme conditions de l'héritage préparé pour d'autres? Et d'ailleurs qui nous assure, comme nous l'avons déjà demandé à M. Littré, que cet héritage acquis avec tant de peine par nous leur sera fidèlement transmis, qu'il n'y aura pas de brusque rupture dans la trame sacrée du progrès, qu'il n'y aura pas des retours à l'ignorance et à la barbarie, des accidents d'atavisme, des réminiscences de la vie sauvage et même animale au milieu des merveilles de la civilisation, des cataclysmes dans l'œuvre de l'humanité, comme il y en a dans l'œuvre de la nature? M. Schérer nous confiait l'autre jour, dans une page très intéressante, les aveux d'un de ses amis, un esprit libre, qui se pique de rester tel, et que je ne crois pas mal juger en pensant qu'il est un positiviste désabusé. Il parlait de ce qu'il appelait son dernier affranchissement, son triomphe sur un dernier préjugé, et ce préjugé, quel était-il? Toutes nos modernes souffrances, à son avis, viennent de trois choses, très modernes, en effet, et qu'il faut avoir le courage de remettre en question,

l'idéal, la philanthropie et l'idée du progrès. —
« Nous avons rêvé un monde, disait-il, que nous
ne trouvons réalisé nulle part et qui est, selon
toute vraisemblance, irréalisable ; nous aimons
le genre humain d'un amour plein d'illusion,
comme des membres de notre famille, comme
chair de notre chair ; enfin, avec un optimisme
passé à l'état d'instinct, nous croyons à une
marche des sociétés qui les rapproche toujours
davantage du vrai et du bien. Trois maladies
que le xviiie siècle, avec son rationalisme creux,
avec ses conceptions abstraites, nous a inoculées,
et qui sont la source du malaise et de l'inquiétude dont nous sommes travaillés. » M. Schérer
proteste, il est vrai ; pas trop fort pourtant. Il
avoue que son ami avait tort, mais que son erreur s'explique. Le mal, selon lui, n'est pas dans
les notions dont il se plaignait, il est peut-être
seulement dans le caractère absolu qu'elles re-
vêtent, grâce à notre ignorance de l'histoire, à
notre dédain du passé, à notre impatience des
transitions et des transactions[1]. Quoi qu'il en soit,

1. *Le Temps*, 27 mai 1882.

le coup est porté, et par des mains amies, au cœur de ce dogmatisme, je devrais dire de ce mysticisme du progrès infaillible, revêtu d'une sorte de caractère sacré, tel que l'a conçu ou rêvé M. Littré.

Cette religion du progrès existe sans doute dans quelques âmes. La question est de savoir si l'on peut en faire une religion efficace et universelle. Espère-t-on en faire le *stimulus* de l'activité chez tous les hommes? Le sentiment qu'on peut contribuer soi-même au progrès du monde ne produira chez la plupart qu'un très médiocre effet. Parfois il donnera plus d'ardeur à nos inclinations, il servira rarement à les réprimer. Dans la plupart des cas, il obtiendra un acquiescement passif, rarement de grands efforts. On fait très justement remarquer que, pour que le positivisme pût faire une œuvre pratique avec cette foi au progrès, il faudrait que la nature humaine subît une complète métamorphose, et il n'y a aucunement lieu de l'attendre. Il faudrait que deux qualités fussent portées en nous à un degré très haut : l'imagination et le désintéressement.

L'imagination d'abord; elle devrait être excitée au point de nous présenter avec une vivacité extraordinaire les fins éloignées auxquelles doit tendre le progrès, elle s'emparerait alors de toutes nos aspirations personnelles pour les diriger vers ce but unique. Mais comme cela est difficile et peu probable! La religion a proposé aux hommes une fin à laquelle chacun d'eux était directement intéressé, la vie future, les joies du ciel, et l'imagination se trouve bien souvent impuissante à la maintenir devant nos yeux et à contrebalancer les plaisirs actuels. Comment donc les positivistes espèrent-ils que leur pâle et lointain idéal produira sur le monde un effet plus vif que celui qu'ils veulent remplacer et que l'homme voyait briller tout près de lui, au terme de sa vie et comme à la portée de sa main? — Le désintéressement, combien n'en faudra-t-il pas pour accepter ce but pratique! Pour réserver à d'autres ce bonheur dont on nous parle, nous aurons en grande partie à sacrifier le nôtre. Peut-on compter que l'on modifiera la nature humaine au point de lui imposer sans résistance un pareil sacrifice? Vous nous parlez du bonheur assuré à l'homme de l'avenir, et vous imaginez toujours, comme si c'était la chose la plus naturelle, que l'homme du présent jouira *par procuration* autant que s'il s'agissait de lui-même. Encore faudrait-il lui persuader pour cela qu'il s'agira d'une félicité considérable; car le bonheur par procuration n'est possible que si l'objet gagné par un autre est immensément plus grand que celui qu'on perd soi-même; et même il n'est pas toujours possible dans ces conditions. — Dans le fait, ne savons-nous pas que l'avenir auquel vous voulez que l'homme s'immole n'aura sur le présent d'autre avantage que de compter un peu moins de misères physiques? Vous ne trouverez probablement que bien peu de volontaires qui consentent à « combattre, gémir, agoniser », pour hâter la réalisation d'une si médiocre félicité. « Rien de plus vain que de spéculer sur des contingents impossibles. Les positivistes pourraient parler absolument comme ils le font, s'ils avaient à nous dire avec quelle rapidité on voyagerait si l'on avait des ailes; dans quelles eaux profondes on pourrait s'engager si l'on avait vingt-quatre pieds de haut.

Toutes leurs suppositions équivalent à celles-là. Entre la nature humaine que nous avons et celle qu'ils ambitionnent pour nous, se creuse une rivière profonde et sans gué ; ils ne peuvent y jeter un pont, et, dans tous leurs raisonnements, ils supposent que nous volerons par-dessus, à moins qu'elle ne vienne à se tarir d'elle-même, mais

> Rusticus expectat dum defluat amnis; at ille
> Labitur et labetur in omne volubilis ævum[1]. »

Une dernière considération est de nature à flétrir ou à décolorer la religion du progrès dans l'esprit de l'humanité, si elle devenait positiviste. C'est celle que nous avons déjà indiquée, à propos de la science, et qui naît tout naturellement des données mêmes du savoir positif et de ses prévisions sur la fragilité de cette combinaison purement mécanique qui a formé l'univers. On nous parle de la civilisation comme d'une œuvre admirable, toujours croissante, et qui mérite que chacun y collabore dans la mesure de ses forces. Si elle doit produire

---

1. W. Mallock, p. 174-180.

plus de justice et de lumière et que ce surplus de justice et de lumière se répartisse entre des âmes qui ne doivent pas périr, si c'est vraiment à une œuvre éternelle que nous travaillons, au progrès de la conscience universelle, à la réalisation de plus en plus étendue et profonde du monde moral sur la terre, comme inauguration et commencement du règne de Dieu, certes il n'est pas de but plus élevé, plus digne de nos efforts. Mais ici que devient l'œuvre à laquelle on convie tous les hommes d'apporter leur bonne volonté et de se sacrifier même au besoin, s'il le faut? A quel avenir est-elle réservée? A quoi bon nous dévouer ainsi? A quoi bon devenir les ouvriers d'une tâche qui cessera brusquement un jour et dont les résultats, vainement chers et sacrés, seront brutalement détruits? A quoi bon? C'est le cri lamentable des générations qui savent d'avance qu'elles seront trompées dans leur lointain espoir et qui, à quelques siècles près, calculent que le trésor de leurs sacrifices périra sans remède. De tous les côtés, il nous arrive des prophéties sinistres. En voici une bien faite assurément pour décourager les efforts de l'humanité : « Déjà, nous dit-on, la fin du monde apparait dans un avenir dont la science déchire le voile. Comme les espèces fossiles des diverses époques géologiques, l'homme n'aura fait que passer sur la terre. Éloignée ou prochaine, une époque viendra sûrement où tout ce qui vit sur la terre retournera avec l'homme à la poussière. La lutte pour l'existence sera terminée. L'éternel repos de la mort régnera sur la terre solitaire. Privé d'atmosphère et de vie comme la lune, son globe désert continuera de tourner autour d'un pâle soleil. L'homme et sa civilisation, ses efforts, ses arts et ses sciences, tout cela aura été[1]. » Si ces prophéties sont vraies, si tout périt avec la vie sur notre globe, s'il n'y a pas quelque part une pensée qui se souvienne et des consciences qui aient recueilli le résultat de tant de sacrifices et d'efforts, cette dernière religion du progrès, avec une telle ruine au bout, n'est-elle pas la plus cruelle mystification du pauvre animal humain, que l'on aura inutilement troublé dans son misérable bonheur pour l'agiter à la pour-

---

1. Jules Soury, *Philosophie naturelle*, p. 525.

suite de chimères et le forcer à bâtir pour le néant ?

Qu'on le remarque bien, toutes ces considérations n'ont leur application qu'au point de vue de la logique pure et leur exacte réalité que pour la moyenne des hommes. Pas une d'elles, vraies pour la généralité des cas, ne le serait peut-être actuellement pour un seul des représentants plus ou moins célèbres du positivisme. Il faut faire la plus large part aux caractères, aux tempéraments, aux natures d'intelligence, à l'éducation indélébile, aux traditions de famille ou de race ; tout cela offre bien des points de résistance intérieure et de réaction contre les influences que nous avons essayé d'analyser. Mais il suffit à notre démonstration que ces influences soient exactement déduites et qu'on ait le droit d'en prévoir les effets sur l'humanité future. Par exemple, quand nous montrons que la valeur de la vie serait singulièrement amoindrie par le triomphe des nouvelles doctrines, que l'idéal pâlirait dans la raison, que le dévouement à la vérité ou à l'art, les joies désintéressées de la haute culture, l'enthousiasme du progrès, ne trouveraient peut-être plus d'aliments suffisants dans l'homme nouveau, enfin que bien des sources du bonheur humain se dessécheraient sous l'action de ces idées comme sous un vent glacé qui rend aride tout ce qu'il touche, évidemment je ne fais aucune application personnelle de ces déductions. J'ai suffisamment marqué mes réserves sur ce point.

On aurait d'ailleurs mauvaise grâce à vouloir persuader aux gens qu'ils sont malheureux, quoi qu'ils en puissent dire, par l'effet de leurs doctrines, et que l'existence a dû perdre tout son prix à leurs yeux parce que la logique le veut ainsi. Ils se moqueraient de la logique et de nous, et ils auraient raison. Je me souviens toujours de la réponse spirituelle que fit Sainte-Beuve à des correspondants trop zélés. Dans les dernières années, où il inclinait sur bien des points vers le positivisme pratique, il écrivait à l'un d'eux : « Je vous remercie de tout ce que vous me dites d'affectueux. Mais, de grâce, pourquoi les choses ne seraient-elles pas égales entre nous? Vous avez pitié de moi et de mon malheur. Mais vous ai-je donc parlé de mon malheur? et qui vous a dit que j'étais si à plaindre? Prenez garde que l'amour-propre, qui a tant de replis, n'aille se glisser aussi dans cette prétention à être plus heureux qu'un autre jusque dans ses malheurs mêmes [1]. » Miss Henriette Martineau écrivait quelque chose de semblable dans son *Autobiographie* : « Quelques personnes disent ne pas concevoir comment, avec mes opinions, je ne suis pas misérable au sujet de la mort et déclare qu'à ma place elles le seraient. A mon tour, je m'étonne qu'on ne s'avise pas de penser que, peut-être, on ne comprend ni mes vues ni mes sentiments. Le fait est que ma disposition générale d'esprit est bonne, et je trouve qu'une bonne disposition est un grand point ; mais la sollicitude qu'on témoigne à ce sujet et l'évidente envie de tirer parti d'une mauvaise disposition, si je l'avais, sont des traits curieux dans mes rapports, soit avec certaines de mes connaissances, soit avec des étrangers qui ont la bonté de s'intéresser à mes affaires. » Devant une pareille protestation, nous n'avons qu'à nous incliner. On ne

---

1. *Correspondance*, t. II, p. 348.

discute pas la manière dont chacun se trouve heureux. Enfin M. Littré, dans un de ses derniers écrits, racontant ses souffrances, qui étaient continuelles et vives, déclarait « que la philosophie positive, qui l'avait tant secouru depuis trente ans et qui lui donnait un idéal, la soif du meilleur, la vue de l'histoire et le souci de l'humanité, enfin qui l'avait préservé d'être un simple négateur, l'accompagnait fidèlement en ces dernières épreuves. » Il n'y a rien non plus à répondre à cela. J'ai d'ailleurs plus de confiance dans les déclarations de Littré que dans celle de Sainte-Beuve, que nous avons connu dans les dernières années de sa vie trop agité, trop ombrageux et irritable, trop peu désintéressé de son *moi* littéraire pour avoir goûté une heure de vrai et calme bonheur. Quant à M. Littré, c'est différent. La plénitude de sa vie intellectuelle, cette moralité supérieure acquise par sa foi dans le bien, par son tendre amour pour les hommes, par son dévouement absolu à la vérité, cette nature, dont un de ceux qui l'ont le mieux connu a pu dire qu'elle était « essentiellement religieuse » (quel que fût l'idéal de sa foi), enfin cette volonté héroïque consacrée au travail, cette jouissance profonde de l'exercice de son activité et de ses résultats accumulés, ce sentiment énergique et fier de ses forces fécondes, appliquées à la recherche du vrai durant le cours d'une si longue existence, tout cela semble bien être le gage d'un bonheur solide et élevé.

Resteraient pourtant quelques questions très importantes à résoudre en vue du problème général que nous étudions. Ces nobles instincts qui, en gouvernant la vie de M. Littré, lui donnèrent de si belles et de si hautes satisfactions ne prouvent-ils pas contre son système et ne sont-ils pas une protestation de la réalité vivante contre la logique des théories dans lesquelles il a en vain essayé d'emprisonner son esprit? Ces instincts ne seraient-ils pas un résidu indissoluble des anciennes civilisations, une résultante héréditaire des vieilles doctrines, ou mieux encore ne tiendraient-ils pas au fond même de la nature humaine, n'en seraient-ils pas l'expression naturelle, l'aspiration légitime vers quelque chose d'éternel et d'absolu en contradiction avec le positivisme, et d'où se tire la vraie valeur, le vrai prix de la vie? Enfin, quand on étudie de près la vie et la conscience de M. Littré, quand on le voit si prompt à reconnaître ses erreurs, si empressé à se rectifier et à se corriger lui-même, n'est-il pas permis de croire qu'il ne se reposa jamais complètement dans la pleine et tranquille possession de la vérité? Qui peut dire s'il ne lui arriva pas un jour, une heure, de sentir cette disproportion entre ses instincts et sa doctrine? Ce sont là des questions réservées à la psychologie intime. En tout cas, il faut ouvrir une catégorie à part à ces personnalités d'élite et d'exception qui trouvent dans la culture intellectuelle la plus élevée l'emploi de leur activité et des motifs d'être suffisamment heureuses, motifs incontestables dans le fait, quand bien même ils ne seraient pas justifiés par la logique. Mais parmi les hommes qui naîtront dans un siècle positiviste, tout aussi bien que dans nos générations actuelles, combien en pourra-t-on compter de cette trempe?

Pour les autres, qui sont la multitude humaine, quelles prévisions peut-on faire raisonnablement, en évitant autant que possible une exagération de parti pris qui les discréditerait? Il n'est pas douteux que la vie ne perde presque tout son prix pour les chercheurs d'idéal sous toutes les formes et pour les âmes simplement et instinctivement religieuses, quand il sera passé en dogme que toute la connaissance est bornée par l'expérience positive, et quand ce dogme aura pris place dans les habitudes mentales des générations. Au contraire, pour la grande majorité des hommes, la vie, au lieu de perdre de son importance, en aura gagné beaucoup ; elle en gagnera même trop en un sens ; elle aura perdu son prix élevé, mais son prix vulgaire augmentera d'autant. En face de cet inconnaissable, ou peut-être de ce néant qui nous enveloppe de tout côté, qui s'étend en avant de nous comme en arrière, elle seule sera chose réelle, sentante et sentie. On s'y attachera avec une sorte d'âpreté, on la défendra avec fureur, quand on aura perdu les raisons qui font qu'en certaines circonstances on la sacrifie avec joie, avec l'ivresse de l'honneur triomphant ou de la conscience exaltée. On n'aura plus qu'elle, on y tiendra passionnément. Il se formera ainsi une race dure, pratique, calculatrice, *positive* à outrance dans le mauvais sens du mot. Je me figure ces générations nouvelles de jeunes gens hardis, confiants en eux-mêmes, capables de suffire aux plus grands excès du travail et du plaisir, implacables dans la grande bataille pour la vie, savants même au besoin, dans la mesure utile des applications, parce que la science est une force dans la bataille et une chance de plus pour la victoire, qui s'enfermeront sans regret et sans souci dans l'horizon étroitement mesuré par la foi nouvelle, qui s'empareront en victorieux des choses réelles et en extrairont avec ardeur tout le suc et la substance. Assurément l'idéal sans objet n'aura plus de prise sur ces âmes expérimentales et désabusées. Rien ne viendra plus les troubler dans leur ardeur raisonnée à poursuivre le genre de félicité qui est à leur convenance et à leur portée. Ils auront à tout jamais rompu avec ces illusions maladives qu'on appelle, selon les circonstances, ou le scrupule et le remords, ou le rêve et la chimère, autant de produits énervants et débilitants des civilisations spiritualistes.

Au contraire, ceux qui auront gardé cette maladie et ce tourment inutile de l'idéal auront lieu de souffrir beaucoup. Ceux-là chez qui prédomineront, malgré tout, des dispositions réfractaires au nouvel état de choses, des sentiments indomptables et des aspirations désormais sans but, ceux-là, refoulés sur eux-mêmes, comprimés, tomberont de plus en plus dans le dégoût de la vie. De plus en plus ils se plaindront que la vérité est triste. Ils iront grossir la foule que le pessimisme entraîne à sa suite vers des *nirvânas* pires que ceux de l'Orient ; ils maudiront la conscience qui ne leur aura donné que le sentiment de la souffrance et du vide. L'école du suicide renaîtra comme au déclin des philosophies antiques ; elle aura des adeptes de plus en plus nombreux, non plus seulement dans la pratique, mais par doctrine. Et ce ne sont assurément ni les plus mauvais, ni les plus lâches, ni les plus sots, ni les moins nobles qui s'en iront volontairement de ce monde ; ce seront les irréconciliables de la vie, telle qu'on l'aura faite, et où ils ne trouveront plus leur place.

Il en sera ainsi jusqu'au jour où quelque penseur hardi s'avisera qu'il y a quelque chose au delà de la physique et de la chimie, et par un coup de génie inattendu découvrira l'âme et Dieu.

TABLE DES MATIÈRES

Préface..................................... I

CHAPITRE PREMIER.

ÉMILE LITTRÉ. — L'HOMME ET L'AUTEUR.

§ 1. Histoire de ses travaux........................ 3
§ 2. Histoire de ses idées. Son portrait intellectuel et moral. 55

CHAPITRE II.

LA PHILOSOPHIE POSITIVE.

§ 1. Les transformations de la philosophie positive..... 93
§ 2. De la prétendue neutralité du Positivisme......... 143
§ 3. De l'état actuel du Positivisme. Réduction des questions à un seul problème, qui est le vrai problème du xix° siècle. Des causes politiques du triomphe actuel du Positivisme........................ 165

CHAPITRE III.

LE PRIX DE LA VIE HUMAINE DANS LE POSITIVISME.

§ 1. De la persistance des idées spiritualistes et religieuses dans les solutions proposées par les positivistes sur la question de la valeur et de la dignité de la vie humaine. — Le livre de M. W. Mallock................................ 201

TABLE DES MATIÈRES.

§ 2. La théorie du bonheur et de la moralité dans le Positivisme. — Équivoques et embarras de cette théorie.. 223

§ 3. De l'idéal et des différentes formes de l'idéal dans le Positivisme, le dévouement à la science et la religion du progrès. Conclusion sur l'avenir du Positivisme.. 261

7017. — Imprimerie générale A. Lahure, rue de Fleurus, 9, à Paris.

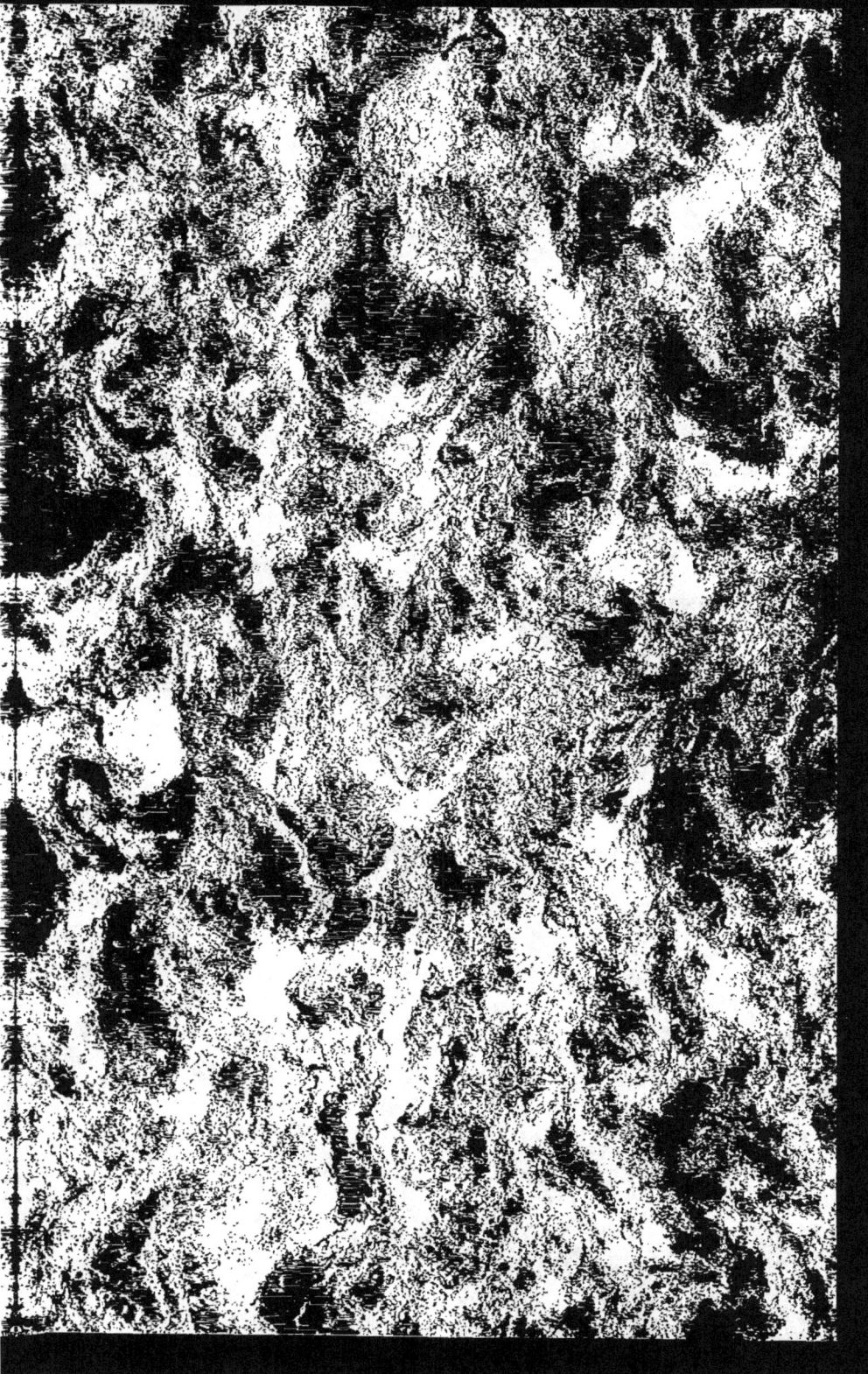

www.ingramcontent.com/pod-product-compliance
Lightning Source LLC
Chambersburg PA
CBHW070619160426
43194CB00009B/1312